DER MENSCH IST VON ÄUSSERSTER DUMMHEIT ERGRIFFEN. ANSTATT ZU ERFAHREN UND ZU MESSEN, BEGINNT ER ZU DENKEN. ER MISST SEINEN GEDANKEN UND DEN WORTEN ANDERER MEHR WICHTIGKEIT ZU, WIE DEM WAS VOR SICH GEHT.

Wolfgang Fries

Wolfgang Fries

Rückführung

- Einführung und Kurzanleitung -

Impressum

Urheberrechte

Es wurde Schrifttum von L. Ron Hubbard verwendet. Das Hauptwerk „Im Leben bestehen - Die Bibel des 21sten Jahrhunderts", wiederherausgegeben als „Philosophie des Lebens - Das Buch der Grundlagen", aus dem ein Teil der in diesem Buch befindlichen Texte entnommen wurden, wurde den Rechte-Inhabern vorgelegt und es gab bisher keine Einwände gegen das Benutzen. Betroffene Textstellen sind mit Fußnoten versehen und am Ende des Buches im Quellenverzeichnis entsprechend aufgeführt.

Buchgestaltung und Satz:
Wolfgang Fries
Kontakt: Friesway@online.de

Lektorat: Bärbel Schäfer

Herstellung und Verlag:
BoD - Books on Demand
In de Tarpen 42
22848 Norderstedt; Deutschland

ISBN: 978-3-7322-9607-1
1. Auflage 2014; Version 2, November 2017

© 2017 für den Inhalt Wolfgang Fries
© 2017 BoD - Books on Demand GmbH, Norderstedt

Bibliografische Information der Deutschen Nationalbibliothek
Die Deutsche Nationalbibliothek verzeichnet diese Publikation in der Deutschen Nationalbibliografie; detaillierte bibliografische Daten sind im Internet über http://dnb.d-nb.de abrufbar.

Zum Lesen des Buches

Aus Verständnisgründen gibt es in diesem Buch ein Glossar, in dem die mit einem Asterisk (*) gekennzeichneten Worte erklärt werden. In unserer Gesellschaft ist es üblich über Wörter hinwegzulesen, die man nicht kennt, anstatt ein Bedeutungswörterbuch zu benutzen, um die unbekannten Wörter nachzuschlagen.

Unter einer Gruppe von Leuten sprach ich das Thema Verstehen an. Als Demonstration wählte ich einen Satz aus der Neufassung von „Der letzte Mohikaner": „Ich ritt auf meinem Fuchs das Gestade entlang." Es war zu lustig anzuhören, was der einzelne darunter verstand. Einer meinte, dass der Reiter auf einem Fuchs an einer Reihe von Bäumen entlang ritt. Ein andere konnte sich nur einen Reiter vorstellen und wieder ein anderer konnte mit dem Wort Gestade überhaupt nichts anfangen.

Ein Fuchs ist ein rötliches Pferd – Pferde haben Namen wie Schimmel (weißes Pferd – von Schimmel) oder Rappe (schwarzes Pferd – Ableitung von Rabe) oder Schecke (von altfranzösisch eschec = Schach, also ein schachbrettartig gemustertes Pferd) und das Gestade ist ein Ufer, also der Übergang zwischen Land und Wasser.

Der obige Satz soll also vermitteln, dass ein Reiter auf einem rötlichen Pferd das Ufer entlang ritt.

Beim Bücherlesen ist es so, dass jeder „sein eigenes Buch" liest, aber nicht unbedingt den Text wie er vom Autor beabsichtigt wurde. Jeder kann einen Text nur soweit verstehen, wie er die Wörter im Text versteht. Jeder Leser liest ein Buch in seinem eigenen geistigen Rahmen, wie er den gelesen Text mit seiner Fantasie ausfüllt, welche Farben er sich vorstellt und wie verschiedene Wörter auf ihn wirken.

Wörter definieren zu wissen bedeutet, dass man mehr von dem versteht, was geschrieben ist. Man bekommt einen genaueren Einblick in den Sachverhalt

Man wird dieses Buch nicht wirklich verstehen können, wenn man die Wörter nicht nachschlägt, die man nicht versteht. Seien es nun die Wörter im herkömmlichen Gebrauch oder die spezifischen Definitionen hier im Buch, welche im Glossar erklärt werden.

Kräfte erkennt man an ihren Wirkungen

oder

Materie wird durch Kraft bewegt.

Rückführung - Einführung und Kurzanleitung -

Inhaltsverzeichnis

Vorwort

Esoterik [grch. esoterikos = innerlich]. Aristoteles meinte schon, dass Esoterik über das Verstehen und Wissen der meisten Personen hinausgeht, im Gegensatz zu Exoterik, also Wissen, das jedermann zugänglich ist. Esoterik war nur für einen erlauchten* Personenkreis bestimmt.

Heutzutage wird Esoterik oft als „Geheimlehre" bezeichnet und es ist so, dass sich jedermann damit auseinandersetzen kann und es keinerlei besonderen Anforderungen bedarf, um in den Kreis der Esoteriker aufgenommen zu werden. Esoterik grenzt sich mittlerweile von Exoterik soweit ab, dass Exoterik den Anspruch der Wissenschaftlichkeit erhebt und Esoterik eigentlich etwas für Spinner ist. Ich meine, der Verstand, dieses wundersame Ding mit seinen Gedanken, Fantasien und Wahn. Der Verstand lässt sich nicht festlegen und entzieht sich dadurch der wissenschaftlichen Exploration*.

Wissenschaftlichkeit. Die Wissenschaft hat den Menschen in technischer Hinsicht weit nach vorne gebracht. In der Medizin gibt es Röntgengeräte und sterile Operationssäle. Man ist also immer auf der Suche, um etwas zu finden, etwas, dem man die Ursache zuschreiben kann. Der Beweis liegt erst dann vor, wenn man etwas Materielles vorweisen kann.

Somit bindet der Mediziner sich an scharfe Messer und Chemie, kann sich aber nicht erklären, warum Placebos wirken und Wunden gut verheilen oder nicht. Medizinisch austherapierte Patienten kehren den Ärzten den Rücken zu und suchen Heil in alternativen Methoden. Und tatsächlich, manch einer findet Genesung beim Schamanen oder im Kloster.

Soll es denn wirklich etwas geben, was über Materie hinausgeht? Eine Kraft, die Materie bewegt? So ist der Mensch auf der Suche und glaubt an Gott und allerlei Krimskrams, um erlöst zu werden.

Was ist nun die Kraft des Placebos oder Heilkristalls? Eines ist schon mal sicher, bei einem toten Menschen wirkt weder Placebo noch Heilkristall. Es muss also eine Zutat geben: Das Leben selbst! Wir haben demnach zwischen einem lebenden und einem toten menschlichen Körper den Unterschied, dass es Willen und einen Gedanken zum Willen gibt.

So muss der Schamane mit dem Kranken reden und der Gläubige glauben, dass irgendetwas mit ihm passiert. Tatsächlich wird sich mit dem Verstand der Person befasst. Der Verstand, dieses wundersame Ding, mit dem sich anscheinend keiner auszukennen vermag.

Einige spielen mit dem Verstand herum, wie der Hypnotiseur, um dem Raucher das Rauchen abzugewöhnen oder der Psychotherapeut, um den Gepeinigten von Ängsten und Depressionen zu befreien. Aber keiner von diesen weiß genau, was er tut, kennt nicht die Gesetzmäßigkeiten wie der Verstand funktioniert. Und wehe, man kommt dem heutigen Spezialisten für die Psyche in die Hände, dem Seelendoktor, dem Psychiater (Psyche = Seele + iatros = Arzt); anstatt die Psyche zu behandeln wird man durch Medikamente ruhig gestellt oder mit Elektroschocks das Gehirn gebrutzelt.

Dieses Buch ist keine Abhandlung über die Funktionsweise oder die Struktur des Verstandes, dies wurde schon an anderer Stelle getan. Hier werden in erklärender Weise ein paar Ansätze geliefert, um sich dieser mystischen* Sache genannt Leben, mit seiner Denkmaschine genannt Verstand anzunähern – schau, Materie denkt nicht; es ist das Denken, was tote und „lebendige Materie" unterscheidet und was ist der lebende Mensch nichts anderes als organisierte Materie mit Leben? Ein toter Körper verfällt zu Staub.

Weiterhin werde ich hier nicht die Möglichkeit oder Unmöglichkeit der Reinkarnation abhandeln, dies können die Theoretiker unter sich klären, damit sie etwas zu diskutieren haben. Und wenn jemand Fallbeispiele über vergangene Leben lesen möchte, so soll er sich darüber Bücher besorgen, es gibt sie haufenweise.

Mit dem Verstand professionell zu arbeiten bedarf einiger Grundlagen, wie später als Literatur empfohlen. Dieses Schriftstück liefert eine Vorgehensweise, um den vollen Nutzen der Energie des Verstandes ausschöpfen zu können. Einige „Seelenheiler" verblüffen den Hilfesuchenden mit seltsamen Phänomenen während einer Behandlung, haben aber nicht die Grundlagen, um abschließend behandeln zu können, was letztendlich Unbehagen bringt.

Also, falls sich jemand dran macht, um sich am Verstand zu schaffen zu machen, so sollte er die hier aufgeführte Technik beherzigen, um keinen Schiffbruch zu erleiden, für sich selbst und für denjenigen der ihn um Hilfe ersucht.

Anmerkung: Nun, ursprünglich hatte ich nicht die Absicht dieses Buch zu schreiben. Aber da ich selbst mit der Materie zugange bin und hier und da mitbekomme auf welche Art der Verstand „therapiert" wird, kam ich zu dem Entschluss ein paar Worte darüber zu verlieren. Tatsächlich ist es so, dass die Grundlagen des Verstandes nicht bekannt sind und aus diesem Grund nicht angemessen praktiziert werden kann. Ich meine, wenn man nichts über die Kraft von Wasserdampf weiß, wie will man dann eine gut funktionierend Dampfmaschine bauen?

In meinem Buch „Philosophie des Lebens - Das Buch der Grundlagen" habe ich bereits ein paar Texte den Verstand betreffend publiziert und eine Niederschrift über den Ablauf einer Rückführung bestand auch schon. Für mich stellte sich nun die Frage, welche Aspekte man dem Interessenten vermitteln soll, sowohl dem Probanden als auch dem Anwender, um auf die Schnelle etwas Verstehen zu etablieren, damit man weiß was man tut und warum man es tut.

Also habe ich im Theorieteil ein paar Texte aus meiner „Bibel" zusammengestellt, um eine Grundlage des Denkens zu geben, sowohl in technischer Hinsicht, als auch philosophisch.

Das Thema Rückführung berührt die fundamentalsten Fragen die sich der Mensch seit Anbeginn stellt und man sollte dieses Thema nicht in einen zu eingeschränkten Rahmen fassen, was ich mit den Texten im Theorieteil zu umgehen versuche.

Der Mensch

Der Mensch erlebt diese Welt durch seinen Verstand. Wenn der Verstand des Einzelnen nicht in Ordnung kommt, kommt diese Welt nicht in Ordnung.

1. Der Mensch ist ein Produkt seiner Taten.
2. Er tut das, was er denkt. Wenn er denkt es nicht zu tun, tut er es nicht.
3. Der Mensch versucht nicht falsch zu tun.
4. Es gibt seltsame Handlungen. Somit gibt es seltsame Gedanken*.
5. Da der Mensch versucht nicht falsch zu tun und es doch tut, gibt es Gedanken die stärker erscheinen als der Mensch will.
6. Somit regiert der Gedanke den Menschen.
7. Somit ist der Mensch nicht immer Ursache über seine Gedanken.
8. Somit gibt es einen Teil im Menschen, der falsch zu tun ihn bestimmt.
9. Dieser Teil verwirrt ihn, er macht ihn klein, schwach und **krank.**
10. Krank sein, heißt falsch zu tun - was der Gedanke auch befiehlt. (Jahrmillionen Ingenieursarbeit ergeben einen Organismus der sich selbst heilt. Und doch wird er krank.)
11. Somit organisiert der Gedanke Materie.
12. Und der Gedanke wird von dem Wesen gedacht.
13. Alle Gedanken sind aus dem Gleichen gemacht, seien sie gut oder schlecht.
14. Der schlechte Gedanke lässt sich auflösen. Er stammt von den schlechten Erfahrungen die einst gemacht und der Mensch zuvor getan(!).
15. Somit wird man wieder groß, stark und gesund.
16. Und der Mensch muss nicht mehr Mensch sein.

Korollarium*:
Der Mensch ändert sich, wenn er seine Gedanken ändert.
Du änderst den Menschen, wenn du ihm hilfst seine Gedanken zu ändern.

Das Wesen

Weder Medikamente noch Nahrungsmittel werden dich von deinem Problem befreien. Denn nur der menschliche Geist ist in der Lage das Problem des menschlichen Geistes zu lösen! (B01)

1. Das Wesen ist nicht der Mensch.
2. Das Wesen ist die Person selbst, das was sich selbst bewusst ist.
3. Das Wesen erschafft Energie, es formt diese Energie zu Bildern, welche man Gedanken nennt.
4. Die Ansammlung dieser Bilder nennt man Verstand.
5. Intelligenz ist der Umgang mit Energie. Man nimmt die Bilder aus dem Verstand und setzt sie zu neuen Bildern zusammen. Somit haben wir die Fähigkeit, wahrgenommene Probleme zu lösen.
6. Seltsame Gedanken hindern Intelligenz.
7. Das Wesen verliert Intelligenz nicht, verringert sie aber.
8. Der Tod ist ein Mittel sich des nutzlos gewordenen Körpers zu entledigen.
9. Das Wesen geht nicht verloren. Es gibt dem neuen Körper die Energie sich zu entwickeln. Es sendet Energie über die Nervenkanäle zu den Muskeln, was in Bewegung resultiert.
10. Das Wesen nimmt den Verstand mit, „vergisst" ihn aber.
11. Das Wissen geht nicht verloren.
12. Das Wesen hat alle Fähigkeiten, diese werden jedoch durch Gedanken blockiert.

Meinem Meister zu Ehren, der mich erkennen ließ, dass ich bin und sein werde.

Von Gott zu Mensch

1. Am Anfang erschuf das Nichts* das Etwas*.
2. Mit dem Etwas begann die Zeit.
3. Das Nichts hauchte dem Etwas leben ein, und es ward der Mensch.
4. Das Nichts ist genau das was es ist: NICHTS, hat aber die Fähigkeit alles zu erschaffen.
5. Ebenso wie das Nichts alles aus dem Nichts hervorbringen kann, kann es alles wieder zu nichts machen – so kann das Ende der Anfang sein.
6. Somit gibt es keinen Wert, weder gut noch schlecht, noch richtig oder falsch.
7. Jedoch gibt der Mensch den Dingen einen Wert, weil er denkt, dass er Etwas sei und doch ist er nur ein Teil vom Nichts.
8. Und der Mensch hat seiner Vergangenheit Barrieren aufgelegt, die er als Vergessen bezeichnet.
9. Und die Barrieren sind durch Schmerz geschützt, weil der Mensch versucht den Schmerz zu vermeiden und er ihn nicht konfrontieren kann.
10. Und er hat den Schmerz zuerst verursacht, bevor er ihn erfahren konnte.
11. Und er hat den Schmerz einer anderen Quelle zugeschrieben und das ganze Spiel geriet außer Kontrolle.
12. Und der Mensch ist genau dort gelandet wo er jetzt ist!
13. Und wenn der Mensch den Schmerz konfrontiert und auslöscht, seiner Vergangenheit habhaft wird, kann er selbst der Anfang sein.
14. Und das Nichts kann aus seinen ganzen Teilen zu einem Gesamten zusammengefügt werden.

Anmerkung: Warum diese NICHTS und Etwas Formulierung? Der Mensch sucht immer nach einem Etwas, also nach Materie, welche als wissenschaftliche Beweisführung dienen soll. Er sucht nie nach dem NICHTS, deswegen wird er es auch nie finden – wo doch das NICHTS das Etwas bewegt!

Korollarium:
Zuerst ward Kraft dann Materie, da Kraft Materie formt und zusammenfügt.

Denkanstöße

Anbei noch ein paar Zitate aus dem „heiligen Buch"; Johannesevangelium. (B02)

- Das Wort ward Fleisch.
  Im Anfang war das Wort und das Wort war bei Gott und Gott war das Wort.
  Alle Dinge sind durch dasselbe gemacht und ohne dasselbe ist nichts gemacht, was gemacht ist.
- 13,6: „Der Knecht ist nicht größer als sein Herr und der Apostel nicht größer als der, der ihn gesandt hat."
- 6,63a: Der Geist ist's, der da lebendig macht; das Fleisch ist nichts nütze.
- Psalm 82,6: „Ich habe gesagt ihr seid Götter."
- Wessen Herz ohne Sünde ist, dessen Bitten werden erfüllt werden.

Eine abschließende Frage zu den obigen Zitaten wäre:

„Wenn der Mensch jemals ein Gott war, warum hat er aufgehört ein Gott zu sein?"

Der Suchende – oder ...

Welches Spiel spielst du auf dieser Welt?

Lass uns das Dasein einfach mal unter dem Aspekt eines Spieles betrachten. Ein Spiel lässt sich wie folgt definieren: Zuerst brauchst du ein Spielfeld; im großen Rahmen ist dies das physikalische Universum, kleiner werdend zu einer Galaxie, hin zu einem Planeten, bis hin zu deinem Arbeitsplatz oder deiner jetzigen Umgebung.

Ein Spiel besteht weiterhin aus einem Ziel, Regeln, Hindernissen und einem Gegner – davon gibt es jederzeit jede Menge ... zur Not die Ehefrau oder die Schwiegermutter. Jeder spielt immer seine eigene Rolle; entweder hat er sich diese ausgedacht oder hat sie von einem anderen angenommen. Man kann auch in einem Team spielen, aber dennoch spielt ein Spieler im Team seine Rolle. Somit kann man eine Figur sein, die auf einem Spielfeld hin- und hergeschoben wird oder man kann sein eigenes Spiel spielen.

Schlimm ist natürlich, wenn irgendjemand in einer entsprechenden Position in einer Regierung bestimmt, das Spielfeld in die Luft zu jagen, in Form eines nuklearen Krieges ... Ziemlich schlimm, dann haben wir kein Spielfeld mehr, nichts mehr mit Autofahren, Fußballspielen, Arbeiten usw.. Übrigens hängt es von uns ab, die Leute ans Regieren zu bringen, deren Absicht es ist dem Volk zu dienen. Und nicht die in Selbstherrlichkeit das Steuergeld verprassen und das Volk mehr als Sklaven erscheinen lassen anstatt als freie Bürger. **Man kann immer etwas tun!**

Irgendwie habe ich die Idee, dass viele Menschen zufrieden damit sind, eine Figur zu sein und von anderen hin- und hergeschoben werden. Für diese Leute habe ich dies natürlich nicht geschrieben. Diese Personen mögen es mehr, sich Dinge anzuschauen, sprich ein Zuschauer zu sein, anstatt ein Spieler zu sein, der tatkräftig Aktionen durchführt und versucht Dinge zu einem guten Ende zu bringen.

Ein Team ist stärker als der Einzelne. Ein wirkliches Team verfolgt ein gemeinsames Ziel und jeder Spieler in einem solchen Team spielt seine Rolle, aber nicht als bloße Figur, sondern verfolgt mit seinem Tun das gemeinsame Ziel. Er denkt mit, handelt entsprechend und macht die Mitglieder des Teams auf die Dinge aufmerksam, die man besser machen kann, um das gemeinsame Ziel zu erreichen.

Apropos, selbst ein Land mit einer Regierung fällt unter das Thema Spiel und Team. So spielt halt jeder ein Spiel, sei es sein eigenes oder als Figur, sei es nur zur Unterhaltung oder im Beruf.

Erfolg in diesem Spiel hängt von der Fähigkeit des Einzelnen ab. Die Attribute der Fähigkeiten wären von der Wichtigkeit her in folgender Reihenfolge:

0. Konfront: Man stellt sich der Notwendigkeit, ohne davor wegzulaufen. Man bezieht Position und hält sie! Kann etwas mit Mut zu tun haben. Notwendigkeit bedeutet die Not abzuwenden, also das zu tun, damit es keine Not gibt.

Konfront bedeutet die Augen zu öffnen und zu erkennen, welches Tun oder

Unterlassen in eine Not führen wird, nicht nur für dich selbst! Wirkliche Not hat man, wenn aus eigener Kraft die Lage nicht zu retten ist, andere helfen müssen. Wenn das Haus abgebrannt ist, ist es zu spät. Es gilt dann zu löschen, wenn noch etwas zu retten ist.

1. Beharrlichkeit: Es bedeutet das Festhalten an einem Ziel, nicht aufgeben! Man kann äußerst fähig sein, aber was nutzt dies, wenn man zu schnell das Handtuch wirft. Man könnte noch andere Wörter benutzen, um Beharrlichkeit zu umschreiben, wie Engagement oder Motivation. Engagement, die persönliche Verpflichtung der Sache gegenüber, der Wille es hinzukriegen!

2. Intelligenz: Dies macht Dinge einfacher und lässt dich schnell ein Ziel erreichen. Jemand der wirklich intelligent ist, ist in der Lage zu verstehen und Dinge in die Praxis umzusetzen.

3. Dauerndes Interesse am Lernen: Wer immer auf dem alten Stand bleibt, wird auch bald zum alten Eisen gehören und nicht mehr eingesetzt werden.

4. Die Werkzeuge zum Leben haben, sie eingeübt haben und zu verwenden wissen.

Mit Bedauern muss ich hier anmerken, dass die „Werkzeuge des Lebens" nicht in der herkömmlichen Ausbildung vermittelt werden. Aber **Der Suchende** wird sie finden und ich glaube, dass ich schon einen großen Teil gefunden habe.

Jeder spielt sein Spiel entsprechend seines eigenen Kopfsalats!

Ach ja, der Titel: **„Der Suchende – oder ..."** Suchend ist, wenn man nach etwas sucht. Diesbezüglich gibt es eine Frage oder Fragen, welche man beantwortet wissen will, oder einen Zustand in dem man ist, den man gerne loshaben oder verändern möchte.

Der Suchende stellt sich Fragen folgender Art:

„Was hat das Ganze hier für einen Sinn?"

„Warum passiert das gerade mir?"

„Was ist der Tod, was passiert mit mir wenn ich sterbe?"

„Was genau ist eine Krankheit und warum werde ich krank?"

„Liebe, was ist Liebe, warum verliebt man sich?"

„Warum denke ich den Gedanken, den ich gerade denke?" usw., ...

Nun, wie ich eben schon erwähnte, jeder spielt sein Spiel nach seinem eigenen Kopfsalat, oder genauer ausgedrückt, jeder handelt nach dem was er denkt – wie ich in „Meine Philosophie, Der Mensch" schon beschrieben habe.

Der Suchende wird verschiedene Wege versuchen, um seine Fragen beantwortet zu bekommen. Schwierig bei der Suche ist, die Parameter festzulegen, an denen man misst, ob der Weg den man gerade begeht, den gewünschten Erfolg bringt oder nicht. An dieser Stelle möchte ich Hinweise darauf geben, auf was man achten sollte, wenn man sucht, was auch der eigentliche Sinn dieses Schreibens ist.

(a) An erster Stelle steht natürlich, ob man sich bei der ganzen Sache besser fühlt und für sich feststellt, dass es auf die eine oder andere Art aufwärts geht.

(b) Dann möchte man natürlich seine Fragen beantwortet haben und zwar wissenschaftlich und nachvollziehbar, in der Art, dass man es wirklich verstehen kann.

(c) Einen deutlichen Hinweis darauf, ob es der richtige Weg ist, merkt man daran, ob Schriftstücke geliefert werden, welche das Thema „Verstehen" behandeln. Bevor man irgendetwas tut, sollte man in der Lage sein zu verstehen, um was es sich handelt. Hat dir irgendwann einmal jemand eine anwendbare Definition für Verstehen gegeben? Also ich bekam während meiner ganzen Schulzeit, Ausbildungszeit von keinem Lehrer etwas in dieser Art erklärt. (Später mehr dazu.)

(d) Der begangene Weg sollte auch Lernmethoden vermitteln, mit denen man in der Lage ist, das Wissen welches angeboten wird, sich in einer bestimmten Form anzueignen und zwar in der Art, dass es auch angewendet werden kann – nicht nur bloße Theorie! Er sollte anwendbare Techniken beinhalten, bei deren Anwendung man positive Ergebnisse erzielt – man fühlt sich dadurch besser, oder man gewinnt Fähigkeiten, welche das Leben leichter machen. Was nutzt es etwas zu tun, durch das nichts verändert wird?

(e) Die Lehre die angeboten wird sollte die Gesetzmäßigkeiten der Umgebung beinhalten, in der man lebt. In unserem Fall das physikalische Universum, also die Gesetzmäßigkeiten der belebten und der unbelebten Natur. Man wird Dinge nur dann verändern können, wenn man gültige und anwendbare Grundlagen über diese Dinge hat. Was die unbelebte Natur angeht, hatte Isaac Newton* seine Finger schon im richtigen Loch, er sagte, dass es Kraft benötigt um Materie zu bewegen. Und man wird in diesem physikalischen Universum nur diese zwei Dinge finden, Kraft und Materie – selbst der denkende Mensch fußt auf diesem Prinzip, er verschiebt oder verbindet in seiner geistigen Welt Gedanken, wobei der Gedanke die Materie darstellt und die Fähigkeit den Gedanken zu bewegen, die Kraft. Hat man nun anwendbare Grundlagen über Kraft und Materie, so hat man eigentlich alles, was man braucht!

(f) Und jedes Mal, wenn dir erzählt wird, dass es eine geheimnisvolle Kraft gäbe, eine Kraft gegen die du nichts auszurichten vermagst, die irgendwie ihre Finger im Spiel hat, sei es nun ein Gott, das Unterbewusstsein, die Evolution, die Gene, irgendeine Mixtur oder ein Amulett, so stelle einfach nur fest, dass man dir deine eigene Kraft, deine eigene Fähigkeit Ursache zu sein nehmen will! Dies zu tun zeugt nur davon, dass man dich irgendwie unterdrücken will, es ist ein weiterer Schritt in den Abgrund, es ist ein Schritt gegen deine Selbstbestimmung und gegen deine Entscheidungsfreiheit!

Also, wenn man sich selbst, sprich seinen eigenen Kopfsalat, seine Umgebung usw. in den Griff bekommen will, eigentlich das, was **Der Suchende** zu erreichen versucht, muss man die Gesetzmäßigkeiten von Kraft und Materie wissen und beherrschen. Ich für meinen Teil bin den Weg ein Stück gegangen. Es ist ein Spiel mit Ziel, Regeln, Hindernissen und einem Gegner. Es ist ein interessantes Spiel und das Ziel ist weit höher als man zu Anfang träumt.

Wie schon gesagt, jeder spielt sein eigenes Spiel. Dies hier soll jenen dienen, die ein Spiel spielen wollen, das bis hinauf zu einer anderen Ebene führt. Möge **Der Suchende** den Weg dahin finden, dass es mehrere Mitglieder im Team gäbe und ein noch größeres Spiel gespielt werden kann. Und hey, nur derjenige der sucht wird finden!

Der Zustand des Menschen

Es gibt an Ort und Stelle ausreichend Material über den Zustand des Menschen und seine Klassifizierung auf einer Skala, was Teil weiterführender Studien wäre. (B01)

Bevor ich in die tiefsten Tiefen hinab tauche, möchte ich klar und deutlich feststellen, dass es ein oberes Ende der Skala gibt, welches mit Hilfe verschiedener Prozesse erreicht werden kann. Das obere Ende glänzt mit Fähigkeiten, welches ein Wesen an den Tag legen kann. Ich benutze an dieser Stelle das Wort Wesen, weil es aus der typischen Klassifikation *homo sapiens* ausgestiegen ist.

Welche Fähigkeiten? Nun, um mich am „menschlichen Niveau" zu orientieren: fähig sein
- ein glückliches Leben zu führen;
- mit seinen Gefährten gut zurecht zu kommen;
- Freunde zu haben;
- jeder Art von Aufgabe begegnen und lösen zu können;
- den Körper soweit im Griff zu haben, dass er für herkömmliche Krankheiten nicht mehr anfällig ist;
- das Unfallpotential aufgrund höherer Wachsamkeit und Konzentrationsfähigkeit stark einzuschränken.

Die mit dem Erreichen des oberen Endes der Skala einhergehenden parapsychologischen Fähigkeiten möchte ich nicht weiter ausführen, da dies dem Menschen zum jetzigen Zeitpunkt als sehr unreal erscheinen wird. Bleiben wir also sehr realistisch und schauen uns an, wo der Mensch jetzt steht.

Der Mensch spielt zurzeit das „Ich-bin-Körper-Spiel". Grund dessen sind einige Bewusstseinspunkte auf der Skala, deren er sich bemüht: Körper kontrollieren, Körper beschützen, Anerkennung von Körpern her, Körper verehren.

Die ganze Gesetzgebung und das Versicherungswesen widmen sich dem Thema: „Körper kontrollieren", „Körper bestrafen" und „Körper beschützen". Die Mode und das gegenseitige menschliche Getue zielen im Großteil auf „Anerkennung von Körpern her", „Körper verehren" und vor allem Sex ab, was auch in diesem Bandbereich zu finden ist.

Das Bestreiten des Daseins hat im Wesentlichen mit Arbeit zu tun, wobei Arbeit und Verantwortung eng miteinander verstrickt sind.

- Keine Verantwortung: keine Arbeit, schlechte Arbeit, (=) Kriminalität.
- Hohe Verantwortung: Die Wahl eines Arbeitsplatzes welcher der Symbiose* gerecht wird und das Erstellen eines funktionsfähigen Produktes, welches gebraucht und gewünscht wird.

Ich erinnere mich eines Vorfalls, bei einem größeren Fest in St. Wendel, meinem Geburtsort. Es war Kirmes und auf der Zufahrtsstraße zum Kirmesplatz stand ein Ford Fiesta, der gerade in Flammen aufging. Dies konnte ich allerdings erst sehen, als ich mich durch die Menschenmenge gewühlt hatte, welche sich im großen Kreis um das Auto gebildet hatte und gaffte. Ich war drauf und dran loszustürmen, als ich bemerkte, dass sich zwei Männer mit Feuerlöschern dem Vehikel näherten. Dies wahrgenommen, zog ich weiter meines Weges, wobei die Menschenmenge da stand und wartete, dass etwas passierte.

Und dies ist auch allgemein die Stufe, auf der der Mensch sich befindet: Warten. Warten bedeutet totale Wirkung sein, es ist die tiefste Stufe, die man erreichen kann. Ich meine, selbst Kriminalität liegt höher. Der Kriminelle tut aus eigenem Antrieb wenigstens etwas, wenn es auch das Falsche ist. Ist der Kriminelle nun lernfähig, wird er irgendwann das Richtige tun.

Warten ist die Stufe, auf der alles automatisch zu gehen scheint: Der Körper atmet von selbst, wird von selbst krank und wieder gesund – oder auch nicht. Lernen und Verstehen gehen auch automatisch, es ist sozusagen ein Teil der menschlichen Entwicklung. Aber wehe, ein Kind zeigt Anzeichen von Legasthenie*. Die Eltern schlagen die Hände über dem Kopf zusammen und wissen sich nicht zu helfen, wobei selbst die „Experten" mehr oder weniger ratlos sind.

Man lernt jemanden kennen, verliebt sich, heiratet, bekommt Kinder und all dies geht irgendwie automatisch. Selbst beim Arbeitsleben vollzieht sich dieser Mechanismus.

Läuft jetzt allerdings etwas anders, nicht mehr gewohnt automatisch, „kann man nichts dran machen" und der Mensch ist überfordert. Dies ist auch der Grund dafür, dass sich Fernseher großer Beliebtheit erfreuen: Zuschauertum und Warten.

Ein wenig oberhalb von „warten" wäre „sich verstecken". Ich meine, versuch mal für ein Projekt einen Freiwilligen zu finden, der sich voll verantwortlich für ein Gelingen bereitstellt.

Ab und zu erlaube ich mir den Spaß und frage *homo sapiens* nach einer funktionsfähigen Definition von Verantwortung. In der Regel bekomme ich keine Antwort. Kein Wunder, so ist er: verantwortungslos. Die Abgänger der Bildungseinrichtungen sind auch nicht darin geschult, wirklich Verantwortung übernehmen zu können! Verantwortung hat viel damit zu tun, dass man Ursache ist, also Handlungen aufgrund seines eigenen Impulses durchführt, man muss es nicht erst gesagt bekommen.

Der Mensch kann so gebildet wirken, wenn er daher redet über Intelligenz, Bildung und Denken. Geht man aber einen Schritt weiter und hinterfragt wie das Einzelne im Detail funktioniert, wird man feststellen, dass dieses Geplapper auch nur automatisch ist.

Der Mensch ist zu sehr davon eingenommen, Dinge geschehen zu lassen, er erhebt sich nicht. Grund dessen werden auch weiterhin verrückte Regierungen mit ihren Bürgern den Deppen machen und Leute wie mich lieber mundtot sehen.

Aber es gibt einen Weg aus dem ganzen Schlamassel, das obere Ende der Skala.

PS.: Eine höhere Stufe auf dieser Skala als „warten" wäre „Veränderung wünschen". Von dem Tatbestand ausgehend, dass dies in Anbetracht des Zustandes des Menschen und seiner Systeme dringend erforderlich wäre, ist es verwunderlich, selten jemanden zu finden, der aktiv an einer Verbesserung arbeitet, bzw. Bestrebungen an den Tag legt, um seinen Zustand zu verbessern.

Warum auch etwas verändern wollen, es geht ja auch so! Aber wie lange noch?

Theorie, ihr Hintergrund

Es gibt beschreibende Theorie und spekulierende Theorie über Dinge und Phänomene. Beschreibende Theorie, beginnt in der Realität mit einer Beobachtung, die dann aufgeschrieben wird, wie die Bedienungsanleitung eines Gerätes, die besagt welchen Knopf man drücken musst, damit eine bestimmte Funktion aktiviert wird. Also ein Theorie, bei deren Anwendung ein bestimmtes Resultat erzielt wird.

Spekulierende Theorie, welche ein ausgedachtes Erklärungsmodell liefert warum oder wie Dinge entstanden oder auch in Zukunft sein können, wie z. B. der Urknall oder die globale Erwärmung.

Und man könnte sagen, es gäbe noch eine dritte Form der Theorie, die verwirrende Theorie, wie die moderne Wissenschaft, bei der man mit unverständlichen Worten vollgestopft wird und es eine Autorität geben muss, welche sagt, dass die Theorie wahr ist. Die Autorität muss es sagen, dass die Theorie wahr ist, weil die Theorie selbst niemand mehr versteht.

Warum Theorie? Du wirst permanent von Eindrücken aus deiner Umgebung bombardiert. Du versuchst nun zu verstehen warum: Warum Ehen in die Brüche gehen, warum der eine den anderen betrügt, warum es Ungerechtigkeit gibt, warum der Mensch so handelt wie er handelt, warum sich Stoffe mit anderen Stoffen verschieden verhalten, warum, warum, warum ... Vieles versteht man nicht und man ist verwirrt über das, was um einen geschieht.

Theorien sollen dir nun Klarheit bringen, sie sollen erklären, warum Dinge so sind wie sie sind und Dinge geschehen und geschahen. Theorien sollen dir die Möglichkeit geben aus Erfahrungen zu lernen, damit man in der Lage ist im Leben das Richtige zu tun, um nicht schmerzvoll auf die Nase zu fallen oder teuer bezahlen zu müssen. Theorien sollen dir helfen, im Leben bessere Strategien zu entwickeln um ähnliche Probleme lösen zu können. Theorien sollen dir Verstehen geben, warum man Dinge tut oder nicht tut.

Einige meinen es beim Nicht-Verstehen belassen zu können, es sei ihm egal und: „Muss ich nicht verstehen." Kommt aber jemand Jahre oder Jahrzehnte später mit einer Erklärung der Sache, hört man gespannt zu und das Gemüt erhellt sich, wenn sich der Sachverhalt aufklärt und man es verstanden hat. Der Verstand vergisst die Dinge nicht, er wartet fortwährend auf eine Erklärung!

Wenn es darum geht ein Problem zu bewältigen oder etwas zu verbessern, frage nach der Theorie dahinter und versichere dich, dass diese auf Naturgesetzen oder den Gesetzen der Mechanik beruhen, bei menschlichen Angelegenheiten solltest du Gesetze und die Menschenrechte kennen und vor allem sollte man wissen, was beabsichtigt wird!

Die Theorie über ein Gebiet/Problem soll dir eine Vorstellung vermitteln mit der du so denken kannst, dass du bei der Anwendung dieser ein Ergebnis erhältst.

Eine neue Theorie kommt auf? Der Mensch versucht nun die neue Theorie mit allen Mitteln zu entkräften. Zuerst wird er denjenigen persönlich angreifen, was dieser für einen Unsinn erzählt und wie dumm er sei. Als nächstes wird er ihm erklären, warum die neue Theorie nicht sein kann. Ich meine, die alte Theorie wurde als richtig anerkannt und wer ist schon gerne im Unrecht, dass einem vorgeworfen wird, man hätte ein eingeschränktes Denkvermögen. Wer geht schon zu einem Dummkopf und lässt sich dort beraten oder behandeln? Wenn der Ruf, das Ansehen dahin ist, ist die Lebensgrundlage gefährdet oder zerstört, es sei egal, ob bei Handwerkern oder Doktoren. Der Mensch wird seine Dummheit verteidigen, bis aufs Messer!

Eine neue Theorie im vormals erlernten Fachgebiet akzeptieren? Ein Schlag gegen den eigenen Intellekt. Das ehemals Erlernte und als richtig Empfundene muss mit der neuen Theorie verglichen werden und die neue Theorie wird erst übernommen, wenn die alte Theorie vollständig abgewertet ist – moderne Beweisführung mal außen vor gelassen, was ist schon ein Beweis?

Einen Ausgebildeten neu auszubilden ist ein Unterfangen. Je mehr vorheriger Ausbildung der neue Student unterworfen war, umso mehr Probleme und Schwierigkeiten.

Eine neue Theorie? Wundere dich nicht, wenn du bekämpft wirst, du Ketzer*!!! Es braucht seine Zeit, bis sich Wahrheit oder eine neue Theorie durchsetzt, es scheint vier Stufen zu geben, bis sich das neue Gedankengut in den Köpfen der Öffentlichkeit etabliert hat:

1. ignoriert,
2. lächerlich gemacht,
3. bekämpft,
4. anerkannt.

Eine Theorie veraltet, wie das geozentrische* Weltbild? Nun, jemand mit einem höheren Intellekt und analytischer Gabe hat sich die Mühe gemacht etwas genauer zu schauen, Naturgesetze in Betracht gezogen, erkannte was das eine mit dem anderen zu tun hat, formulierte das Ganze stichhaltig und zementierte seine Theorie am erfolgreichen praktischen Test.

Gültigkeit einer Theorie: Eine Theorie ist in dem Maße gültig, wie sie bestehende Phänomene schlüssig erklärt und beobachtbare Phänomene voraussagt, dass z. B. kochendes Wasser in einem geschlossenen Gefäß Druck aufbaut.

Halbwertzeit von Wissen? Es ist die Geschwindigkeit, in der angeeignetes Wissen veraltet, sprich, durch neues Wissen ersetzt wird. Was Wissen eigentlich ist? Ist es einer Person Meinung zu einer Sache oder einfach weitere Theorie? Klar eröffnen sich weitere Gebiete durch Fortschritt in Technik, wie Raumfahrt, Computer und Mikroskope. Jedoch sollten einzig die Beobachtungen als Wissen aufgeschrieben und vermittelt werden. Jedoch wird alles Mögliche großartig als „Wissen" propagiert, als ob es wichtig zu wissen wäre, was Karlchen gestern zu Lieschen gesagt hat!

Wahrheit und Stabilität – Eine Unterweisung im Denken

Nun, denken ist die Grundlage allen Tuns, die Grundlage des Daseins, man erlangt Orientierung dadurch, in dem man Dinge durchdenkt. Allerdings findet man in den heutigen Bildungseinrichtungen kein Lehrstoff über „Schulung im Denken", jedenfalls war es zu meiner Zeit so und ich hatte nur ein paar Fehltage, wobei ich weiß, dass in diesen Fehltagen Stoff dieser Art nicht durchgenommen wurde. Ich meine, wie auch? Der Mensch denkt zwar pausenlos, aber wenn man jemanden nach einer anwendbaren Definition fragt ist der geistige Horizont in der Regel erschöpft.

Fragt man nun einen Prof. Dr. der Psychiatrie – die Meister der Gehirntheorie, wird man früher oder später nur noch kopfschüttelnd davon ziehen können, man ist nicht schlauer wie zuvor, nur mehr verwirrt! Also, machen wir „Denken" zu einer Sache des Tuns, etwa wie mauern, bei dem man einen Stein auf den anderen setzt. Denken an sich ist eine sehr mechanische Sache. Man hat ein paar Bilder und setzt diese zu einem neuen Bild zusammen. Als Beispiel: Stell dir ein Auto vor. Stell dir nun eine Straße vor. Lass nun das Auto über die Straße fahren. Siehst du, ging doch ganz einfach, dies war ein Denkprozess, allerdings sagen die Wissenschaftler, „denken" wäre zu kompliziert, um es wirklich verstehen zu können.

Der Mensch ist der Ansicht, denken geht automatisch, das Kind tut es von selbst in seinem Entwicklungsprozess, es bedarf daher keiner weiteren Ausbildung oder gezieltem Üben, es ist wie wenn das Kleinkind beginnt seine ersten Schritte zu tun, irgendwann kann es dies von selbst.

Der nächste Prozess nach dem Denken ist die Handlung, wenn es letztendlich darum geht ein bestimmtes Ziel zu erreichen. Man wird also das tun, was man überlegt hat, wie zum Beispiel: Was ist der kürzeste Weg in die Stadt. Interessanterweise wird man erst dann etwas tun können, wenn man verstanden hat wie man es tun kann. Wie zum Beispiel die Bedienung eines neuen Computerprogrammes oder wie man ein Haus baut, also das „wie*" einer Sache.

Denken an sich ist in der Tat eine sehr präzise Angelegenheit, man kann sich genau ausdenken, wie man von A nach B kommt. Also gibt es beim Denken immer einen Anfangspunkt und einen Endpunkt, wobei man beliebig viele Prozesse hintereinander schalten kann. Es gibt Menschen, die hören nie zu denken auf und kommen nie zum eigentlichen Sinn des Denkens, nämlich des Tuns. Einige Menschen haben „Maschinerien" im Kopf, welche gar für sich selbst denken und der Einzelne nicht mehr abschalten kann. Dies ist allerdings nicht Gegenstand dieses Artikels und wird eingehend in „Dianetik – Der Leitfaden für den menschlichen Verstand" behandelt.

Mir geht es hier um die untersten Grundlagen beim Denken, also die Anfangs-, Ausgangspunkte des Handelns. Jedes Tun, jedes Handeln zielt auf Überleben ab, also darauf wie man sein Dasein bestreitet. Der Mensch im Allgemeinen versucht nun so zu handeln, dass er den größtmöglichen Vorteil erreicht. Er denkt nach, wie er dies am besten erreichen kann.

Eines sollte jedem klar sein, Überleben bedeutet eigentlich das Streben in Richtung Vergnügen, wobei das Gegenteil Schmerz wäre bis hin zu vollständigem Unterliegen: dem Tod. Davon abgesehen, dass das Leben oft nicht unbedingt ein Vergnügen ist, sind es jedoch die glücklichen Tage die unser Herz besonders erfreuen, was auch den größten Motor im Dasein ausmacht. Dies nun als erste Grundlage:
„Denken dient dazu, um zum bestmöglichen Überleben zu führen!"

Nun, als „denken" haben wir jetzt eine mechanische Definition:
„Bilder zu einem bestimmten Bild zusammensetzen."

Ich halte all dies sehr einfach und locker, ohne feste Regeln, weil Denken so groß wie dieses Universum ist, ohne einen Gedanken hätte es auch nie so groß sein können! ☺

Denken hat also viel mit Bildern zu tun. In unserer Welt ist es so, dass wir uns am meisten des Wortes als Sprachmedium bedienen, wobei man sagen kann, dass das geschriebene oder gesprochene Wort das wichtigste Medium ist, ausgenommen für die Tauben und Blinden, wobei die Blinden eine besondere Schrift haben.

Nun, man wird also Dinge nur so präzise durchdenken können, wie man ein klares Bild von einer Sache hat oder wie genau deine Vorstellung über ein bestimmtes Wort ist, sprich wie gut du das einzelne Wort definieren kannst!

„Immerhin dient ein Wort dazu, eine Sache zu bezeichnen. Je genauer man sich etwas anschaut und die verschiedenen Aspekte davon erkennt, umso besser kann man die Sache beschreiben, bzw. das Wort erklären, welches zum Ausdrücken des Sachverhaltes dienlich ist."

Kommen wir nun zum Punkt dieses Artikels: Wahrheit und Stabilität. Stabil könnte man definieren als etwas was sehr widerstandsfähig ist, nicht leicht kaputt geht. Wahrheit ist wie sie ist, eine sehr solide, feste Sache, ich meine, da gibt es nichts dran zu rütteln – übrigens enthält Materie nicht viel Wahrheit, diese kann man biegen, brechen, Aggregatzustände verändern.

Behandlungsmethoden und Techniken werden in dem Maße geändert, wie sie eine Lüge enthalten oder wie sie nicht perfekt sind. Man wird solange zu einer Sache beizutragen wissen, wie man feststellt, dass sie zu verbessern ist. Ist etwas sehr funktionsfähig, muss dieses sehr viel Wahrheit enthalten – Politik, Medizin, Pädagogik, Psychologie, Recht, Gesetz usw. haben es nicht!

Die Wahrheit ist eine sehr perfekte Sache. Wahrheit hat viel mit Stabilität zu tun. Du wirst solange deine Position halten können, wie du bei der Wahrheit bleibst. Wahrheit hat den größten Wert, wenn du beginnst zu lügen, hast du keinen Wert mehr, du zerbrichst!

Schauen wir uns folgendes an: Du bist mit einer Person in der Küche und sagst zu ihr: „Dies ist ein schöner Tisch"! (Es steht wirklich ein Tisch da und du zeigst darauf.) Die Person entgegnet dir nun vollen Ernstes: „Ich sehe da keinen Tisch, aber einen großen Elefanten!" Was würdest du nun von dieser Person halten? Jeder der hereinkommt bewundert diesen schönen Tisch, nur der eine meint es wäre ein großer Elefant. Du würdest sagen er wäre verrückt, nur deshalb weil er etwas anderes nicht so sieht wie es ist, **weil er eine Lüge erzählt**. Somit könntest du auch Wahrheit definieren als: **„Die Dinge so sehen wie sie sind."** (Allerdings ist der Mensch recht blind, hat seine eigene Meinung, legt Dinge aus wie es ihm passt und ist ständig am diskutieren.)

Wahrheit bezeichnet etwas wie es jetzt ist oder gestern war. Morgen gibt es eine ganz andere Wahrheit. Es ist, wie aus Ton eine Vase entsteht und morgen nur noch Scherben sind. Die Wahrheit war – sie muss erst wieder erlebt werden um festzustellen, dass es sie gibt. Die Wahrheit ist also immer ein Stück Vergangenheit, welche mit der Gegenwart verglichen wird. Selbst die Herkunft aus dem Althochdeutschen zeigt es in ihrer Schreibweise: *wâr*. So definiert sich dann auch Beweis: Eine Begebenheit/Sache die von einem anderen als das wahrgenommen (schlussgefolgert) werden kann, wie es der Behauptende beschreibt. Und in der Wissenschaft hat ein Beweis nur dann Bestand, wenn er mit messbaren Werten (Materie) dargestellt werden kann.

Ebenso entsprechen Sachen und Personen dem Begriff Wahrheit, wenn sie das erfüllen wofür sie gedacht sind, wie z. B. der Bäcker der Brot backt und der Rasenmäher der Rasen mäht. Würde dies nicht geschehen, fühltest du dich betrogen, du wärst angelogen worden.

Rückblickend kann ich sagen, dass meine Schulzeit eine einzige Verwirrung war, einfach deswegen, weil ich keine klare Vorstellung über die gesprochenen Worte im Unterricht hatte und zweifelte wofür die ganze Ausbildung gut sein soll. Es gab von meiner Seite kein Verstehen, selbst in der Fachoberschule. Es ging um das Schreiben einer Erörterung*. Die ganze Klasse schrieb Vieren, Fünfen und Sechsen und nur deshalb, weil niemand eine genaue Vorstellung über „Erörterung" hatte, beziehungsweise keinen Weg wusste, wie man eine Erörterung schreibt. Hätten wir nun einen guten Lehrer gehabt, hätte uns dieser eine Definition gegeben und uns eine kurze Erklärung darüber gegeben **wie** man eine Erörterung schreibt und worauf besonders zu achten ist. Niemand hätte eine schlechte Note geschrieben!

Hat man nun eine genaue Vorstellung, sprich eine genaue Definition der Sache, wird man es tun können! Somit kommen wir zu: „**Eine genaue Vorstellung, eine Definition einer Sache haben, ermöglicht Verstehen und ein Tun!"**

Hier noch einmal die Definition von Verstehen, als mechanische Tätigkeit: „**Eine Vorstellung haben und erkennen, was das eine mit dem anderen zu tun hat, sprich: Zusammenhänge erkennen!"**

Dies ist das Resümee meiner Schulzeit und der Fähigkeit des Menschen etwas zu durchdenken: „Der Mensch ist nur mit Buchstaben ohne Bedeutung gefüttert, somit kann der Mensch nur unzureichend denken, weil er kein Bild von dem Wort hat, was man als Bedeutung bezeichnen kann. Weiterhin benutzt der Mensch nicht seine Augen um tatsächlich zu sehen was ist, er lässt sich durch Worte und wirre Gedanken blenden. Ein verwirrter Mensch ist gut kontrollierbar und macht ihn zum Spielzeug der Macht*."

Ab und zu erleuchte ich den einen oder anderen mit folgender Sache. Grammatik ist im Allgemeinen eine sehr missmutige Angelegenheit. Bei meiner Frage was Grammatik eigentlich bedeutet, höre ich oft: Rechtschreibung. Nun, Grammatik kommt aus dem griechischen *grammatikos* was so viel wie „etwas Geschriebenes" bedeutet. Grammatik ist tatsächlich Sprachlehre, also die Lehre über die Sprache, welches als Fachgebiet Rechtschreibung, Satzbau usw. beinhaltet.

Wenn ich nun frage was ein Adverb ist, bekomme ich in der Regel keine oder eine unzureichende Antwort. Adverb kommt aus dem lateinischen *ad* = bei und *verb* = Tuwort. Ein Tuwort bezeichnet ein Tun, also gehen, laufen, sprechen usw.

Ein Adverb ist also ein Wort welches beim Verb steht und dieses verändert, wie schnell, langsam, hoch, viel usw. Angewendet würde es nun heißen: Er springt hoch. *Springen* ist das Verb und *hoch* das Adverb. *Hoch* verändert also das Verb. Allerdings wird Adverb in der Schule wesentlich schwieriger erklärt und mehrfach unterteilt. Es wird äußerst kompliziert gehalten, mehr verwirrend als aufklärend.

Man hat heuer in der Schule deshalb nervöse und unkonzentrierte Schüler, keinen funktionsfähigen Unterricht, weil eine Sprache benutzt wird die es dem Schüler unmöglich macht etwas zu verstehen. Weiterhin werden keine Maßnahmen ergriffen die tatsächliches Verstehen in die Wege leiten. Bei meiner Suche nach einer mechanischen Definition für Verstehen konnte ich in keinem meiner Wörterbücher noch im Internet eine einfache, anwendbare Definition finden. Aus diesem Grund musste ich selber eine entwickeln.

Dinge können sehr sehr einfach sein, man muss nur erkennen, was das eine mit dem anderen zu tun hat! Und in einer Welt mit Regeln, Gesetzen und Bedienungsanleitungen ist dies nur möglich, wenn man weiß, was das einzelne Wort bedeutet. Ein Wort zu wissen bedeutet es nachgeschlagen zu haben, alles andere ist Spekulation, Unsicherheit! Und selbst dann sollte man in der wirklichen Welt schauen ob es so ist, soweit möglich. Denn selbst die Schreiber der Wörterbücher sind bloß Menschen!

Du wirst deine Position dann halten können, wenn du eine eindeutige Definition für etwas hast, eine Definition die das widerspiegelt was tatsächlich ist! Und wie an anderer Stelle erwähnt: „Dein bester Freund sollte ein Wörterbuch sein, welches dich Tag und Nacht begleitet!"

Zeit* – Eine menschliche Betrachtung

Nun, der Bewusstseinsstrom befindet sich im Jetzt und zeichnet das Jetzt als Gedanke (Erfahrung) auf. Somit ist das Bewusstsein der Annahme, dass es Zeit gäbe, da die Gedächtnis-Aufzeichnung der Umgebung anders ist, wie die jetzige Wahrnehmung; die Partikel darin haben sich verändert entweder in Position* oder Form – Zeit ist ein Maßstab für Veränderung (Bewegung).

Somit ist Zeit ein Gedanke, sie existiert als solche nicht. Der Gedanke ist zeitlos, hat aber ein Vermerk, wann die Erfahrung gemacht worden ist. Genauso ist der Bewusstseinsstrom als solcher zeitlos, da er sich im Jetzt befindet. Und die Person selbst ist der Strom des Bewusstseins. Die Person und ihre Gedanken befinden sich in ihrem eigenen Universum, parallel zum physikalischen Universum – Materie zerfällt, der Gedanke nicht.

Für das Bewusstsein gibt es keine Vergangenheit sowie es keine Zukunft gibt, es gibt nur das Jetzt. Zukunft? Es ist ein Gedanke wie Dinge sein können, wie sich ein Partikel zu dem anderen relativiert, was dann als Erfahrung im Jetzt gespeichert wird und von da an nur noch Gedanken sind.

Bedenke: Der Gedanke ist ein scheinbares Statik*, er unterliegt nicht der Erosion*/Korrosion* er kann immer neu abgerufen werden. Genauso wie die Person ein wahres Statik ist, das etwas, das den Gedanken denkt – Aristoteles sprach schon über den „unbewegten Beweger", die Quintessenz*.

Und vergiss den ganzen esoterischen Unsinn, wie: „Du musst in der Gegenwart sein!" Du hast 100% Aufmerksamkeit. Ein Teil verbleibt in den Erfahrungen der Vergangenheit, um dir die Daten als Verhältniswerte zur Berechnung der Gegenwart zu liefern, um die Zukunft zu ermöglichen. Zu 100% mit der Aufmerksamkeit in der Vergangenheit ist genauso paranoid wie 100% in der Gegenwart oder 100% in der Zukunft. Schau selbst, all das Erfahrene und Gelernte ist die Summe deiner Vergangenheit. Wenn all dies „vergessen" wäre, du nichts mehr aus deiner Vergangenheit zur Verfügung hättest, was wüsstest du dann noch? **NICHTS!** Weder deinen Namen, noch eine Sprache, nichts mehr!

Raum: ○ > □

Raum, Definition: Gesichtspunkt* zu Dimension*. (B03) Es sind zwei klassische Symbole, der Kreis für Geist und das Quadrat für Materie. Wenn Geist auf Materie blickt, bezeichnet man das Dazwischenliegende als Raum.

Raum, komplizierte Sache … vielleicht das Wichtigste überhaupt. Davon abgesehen, erwähne ich fortwährend was am wichtigsten sei. Allerdings kann es nur eine Sache geben, die am wichtigsten ist, ansonsten ist es ein permanenter Widerspruch – na ja, es hängt an dir lieber Leser, herauszufinden, was, wann wichtig ist und vielleicht ist der Widerspruch gar nicht so groß.

Der eine oder andere mag sagen, dass all mein Geschreibsel nicht wissenschaftlich* sei, … wer ist der schon? Nicht mal Akademiker! Guckt man sich nun die untersten Grundlagen der „exakten" Wissenschaften an, wird man feststellen, dass diese aus nicht haltbaren Ideen bestehen, die sich bei näherer Betrachtung in Luft auflösen, wobei der folgliche Aufbau wie ein Kartenhaus zusammenbricht.

Karlchen kommt vorbei und wettert: „So ein Quatsch, Gesichtspunkt zu Dimension! Bei meiner Oma im Wohnzimmer sind vier Wände, Boden und Decke und all was dazwischen ist, ist Raum!" Nun, Karlchen verwechselt da irgendetwas: Raum und Zeit! Ich könnte auch sagen: Raum und Gedanke. Aber Raum und Zeit hört sich so an, als ob es komplizierter sei und mehr der Aufklärung bedürfe. Karlchen steht also vor mir und schaut mich an. Das heißt, dass zwischen mir und Karlchen Raum ist. Karlchen ist ein Gesichtspunkt und schaut auf meinen Körper, welcher ein Dimensionspunkt ist. Aber wohin schaut Karlchen tatsächlich? Er schaut auf einen Gedanken welcher eine Aufzeichnung einer Zeit ist, als er in Omas Wohnzimmer war.

Interessant ist Karlchens Reaktion zu Beginn unserer Unterredung, er zeigte

Aufregung. Tatsächlich blickt er in seinen Verstand und aktiviert dort die Energie, die ihn dazu bringt sich aufzuregen. Der Gedanke nimmt seinen Raum ein und diktiert ein Verhalten. Schau dich um, wie sich der Mensch verhält. Er kann durch bloße Worte in Wut gebracht oder verletzt, aufgebaut oder desillusioniert werden, was eindeutig zu sehen ist. Der Mensch ist umgeben von geistigen Massen*, welche bloß durch Worte oder die Umgebung aktiviert werden und ihm seinen Willen aufzwingen. Der Mensch schaut nicht mehr auf diese Bilder in seinem Verstand, sondern er **ist** dieser einst aufgezeichnete Gedanke. Er hat keinen Raum mehr zwischen sich und der Erfahrung – genauso wie er meint, dass er der Körper sei.

Als Gefängnis wird in der Regel eine abgeschlossene und mit Stahlgittern versehene Zelle betrachtet – sehr wenig Raum. Ein absolutes Gefängnis wäre kein Raum. Nun, die Person steckt in einem Körper und ist umgeben von geistigen Massen: Ein absolutes Gefängnis. Selbst der Tod macht nicht frei, er trennt die Person lediglich von ihrem Körper, aber nicht von den geistigen Massen, die sein Verhalten diktieren.

Verstehen? Es ist der Gesichtspunkt, der auf das physikalische Universum blickt und erkennt ob oder wie sich die einzelnen Teile davon mit-, zu- oder gegeneinander verhalten. Der Gesichtspunkt ordnet und richtet Werte ein.

Materie, Energie und Wellenlänge

Materie ist das was ist, sie hat Masse. Es gibt unsichtbare Dinge, wie die Luft. Man kann Luft in einen Behälter pumpen und wird feststellen, dass der Behälter an Gewicht zunimmt. Die alten Griechen waren auch schon der Ansicht, dass Materie aus zusammengepresster Luft bestehen würde. Heutzutage ist man der Ansicht, dass Materie aus Quanten besteht, also aus zusammengepressten Lichtteilchen, man entwickelte daraus ein eigenständiges Fachgebiet: die Quantenmechanik.

Leicht vorstellbar ist, wenn man viele Staubkörner nimmt und daraus ein Ziegelstein backt. Somit aus vielen Lichtteilchen ein Staubkorn und aus Gedanken Lichtteilchen. Jeder kann sich eine Sache vorstellen, ein geistiges Bild erschaffen. Dieses Bild hat Masse, es existiert in seinem eigenen Raum.

Es scheint tatsächlich etwas am Johannes Evangelium dran zu sein, welches beginnt mit: „Das ewige Wort ward Fleisch. Zu Anfang war das Wort, das Wort war bei Gott und Gott war das Wort." Nun, ein Wort ist nur der Ersatz für eine Sache. Und bevor man die Sache entwickelt, denkt man es sich aus. So hat von mir aus Gott sich ausgedacht Fleisch zu sein und es gab Fleisch. Anschließend musste man nur noch jemanden hinein stecken und man hatte den Salat: belebte Materie.

Ob es „alte" Materie gibt ist fraglich. Eher ist es so, dass alles in etwa gleich alt ist. Was macht man mit dem Material des abgerissenen Gebäudes? Man recycelt es! Altes Material wird wieder neu verwendet, es kommt kein neues mehr dazu.

Materie an sich ist nicht Energie.

Energie (griech. *energeia* = wirkende Kraft): Der Begriff Energie wird zu oft verdreht. Energie ist ein Impuls*, also etwas, was Materie in Bewegung versetzt, wie zum Beispiel ein Fußtritt gegen einen Ball.

„Sonnen-Energie" hat zwei Komponenten, einmal das Teilchen: das Photon und die Geschwindigkeit (Kraft) mit der das Lichtteilchen auftrifft, gleiches Prinzip bei Wasser- und Windkraft. Brennstoffe sind „Energieträger". Bei einer Verbrennung reagieren diese mit Sauerstoff, entwickeln Wärme und es erfolgt eine Ausdehnung der verbrennenden Gase. Diese Ausdehnung wird wiederum als treibende Kraft benutzt, zum Beispiel beim Verbrennungsmotor. Wärme ist in der Weise Energie, da sie die Moleküle kälterer Körper in mehr Bewegung versetzt.

Der „Energie-Erhaltungs-Satz" ist natürlich Unsinn - es wird da keine „Energie" erhalten. Es ist lediglich so, dass eine Form von Materie in eine andere Form von Materie umgewandelt wird ... dieses Thema ist mehr eine Art Wortspielerei, wobei die Definitionen nicht genau festgelegt werden – dem ist somit abgeholfen!

Energie konservieren? Wie wäre es mit einem gespannten Bogen oder einer Batterie? Atomenergie? Na, einige Teilchen verlassen wohl gerade ihre Umlaufbahn und bringen das Gleichgewicht der Kräfte der atomaren Struktur durcheinander, wobei nun alle Teilchen unkontrolliert auseinanderstieben ... somit auch immer die Unterscheidung: Materie (Masse) und Bewegung (Impuls, Kraft) – beides findet man zusammen, aber es sind zwei unterschiedliche Dinge. Energie versetzt Masse in Bewegung. Schau, die Stoffmenge (Anzahl der Atome) im Bogen der gespannt wird, wird nicht geändert, aber es entsteht Spannung, also Energie. Ebenso wie beim gefrierenden oder kochendem Wasser, das Eis welches die geschlossene Flasche zersprengt oder der Wasserdampf der den Kolben der Dampfmaschine bewegt.

Der Gedanke als Bild (Vorstellung) ist ähnlich eines Photons, also Materie, hat aber „Ladungspotential". Mach den Versuch selbst, sage jemandem er soll sich eine Zeit mit einer traurigen oder lustigen Erfahrung zurückrufen und du wirst feststellen, dass sich die jetzige Gemütsverfassung ändert: Die Person wird traurig oder erfreut sich der Erinnerung. Technisch könnte man den Gedanken, also die einst gemachte Erfahrung als Faksimile bezeichnen. Ein Faksimile ist eine im Verstand gespeicherte Erfahrung. Das Faksimile hat Energie, diese Energie kann auf die molekulare Struktur des Körpers einwirken und diese verändern - man spricht von Krankheiten. Zweifele keinen Moment daran, dass im Mikrokosmos eine andere Physik wäre als im Makrokosmos – es gibt Gedanken solider als Betonwände!

Wellenlänge: Machen wir das Thema Wellenlänge etwas greifbar und nehmen dazu die Schallkunde, der gesprochene Laut: Luftmoleküle übertragen die Schwingung der Stimmbänder, man spricht von Schallwellen, Ausbreitungsgeschwindigkeit ca. 343m/s. Die Schwingung verändert die Struktur der Luft. Trifft diese Schwingung auf Wasser auf, verändert sich die Struktur des Wassers; V = 1407m/s. Je Dichter die Moleküle aneinander liegen, desto schneller der Schall: Diamant: 18.000m/s. (B06)

Selbst der Weltraum ist ein „dichtes" Gefüge: Die Sonnen strahlen permanent Partikel (Photonen) ab. Durch die Ansammlung von Lichtpartikel, welche ein Gefüge bilden, können Wellen gesendet, bzw. Wellenlängen gemessen werden, wie zum Beispiel Radiosignale. Ohne Medium (übermittelnder Gegenstand) keine Welle! Eine Welle ist das Resultat eines Impulses, es braucht also eine Kraft, damit sich eine Welle bildet. Die Länge und Stärke des Impulses ergibt das Muster der Welle. Lass einen Stein ins Wasser fallen, es bilden sich konzentrische* Wellenbewegungen - ähnlich pflanzen sich Radiosignale fort.

Eine Bewegung im physikalischen Universum bedarf der Kraft. Bewegungen im physikalischen Universum sind solange geradlinig, wie sie von keiner anderen Kraft beeinflusst wird, wie zum Beispiel der Flug einer Kugel, deren Flugbahn durch Luftwiderstand und Gravitation* (gegenseitigen Anziehung von Massen) beeinflusst wird. Es müssen Kräfte wirken, um einen Gegenstand in eine wellenförmige Flugbahn zu versetzen. Eine Welle braucht ein Medium (übermittelnder Gegenstand).

Schall überträgt sich durch ein Verdünnen und Verdichten – Moleküle werden zusammengeschoben und bewegen sich wieder auseinander. Wasser sei nicht komprimierbar? Wieso gibt es dann Schall im Wasser?

Noch eine Kleinigkeit dazu, nimm zwei Stimmgabeln. Schlag eine davon an. Diese schwingt nun auf einer bestimmten Wellenlänge, man hört es. Hältst du nun die andere Stimmgabel in die Nähe der schwingende Stimmgabel, so übernimmt diese deren Schwingung, beide Stimmgabeln schwingen nun auf gleicher Wellenlänge, obwohl nur eine angeschlagen wurde. Es ist also so, dass Stoffe (Materie) ihre Schwingungen verbreiten, der eine Stoff von der Schwingung des anderen Stoffes beeinflusst wird.

Wellenlänge? Wie fühlt es sich an, wenn jemand vor dir steht und auf dich wütend ist oder die vor Begeisterung tobende Menge im Fußballstadion? … kein Wunder, dass man durch Musik so tief berührt werden kann und natürlich mit einem fetten Sound, damit die Wellenlänge auch Kraft hat!

Natürliche Nahrungsmittel haben eine „reinere" Schwingung als durch Industrie veränderte. Einige treiben es soweit, nur noch weiße Wäsche zu tragen und diese selbstverständlich nur aus gewachsenen Naturstoffen wie Baumwolle oder Leinen aus einer ruhigen unbelasteten Umgebung, da auch Licht seine eigene Wellenlänge und Schwingung hat – und Farben sind nun mal gebrochene Wellenlängen!

Und irgendwann ist all dies nicht mehr wissenschaftlich, weil den Wissenschaftlern die Messgeräte oder der Verstand ausgehen, bzw. keine Möglichkeit der Nachprüfbarkeit mehr finden – ich meine, die subjektive Wahrnehmung zählt nicht, es bedarf eines neutralen Messgerätes. Theorie ist nun mal nicht mehr als eine Behauptung und was ist leichter, als etwas Anderes oder Gegenteiliges zu behaupten?

Wünschelrutengänger? Vielleicht ist dieser nur ein Medium, mit so feinen Wahrnehmungen, dass die unterschiedlichen Schwingungen über die Wünschelrute manifestiert werden. Ich meine, der Raum, deine Umgebung ist vollgestopft mit kleinsten Partikeln, nehmen wir Neutrinos (Materieteilchen um ein vielfaches kleiner als ein Neutron), diese können mit hoher Geschwindigkeit durch große Schichtdicken gehen, wie die Erde und dienen somit als Medium für ... Radiosignale. Nimm die Fernbedienung eines elektrischen Gerätes, stell dich in ein anderes Zimmer, drücke auf den Knopf und oh Wunder, das Gerät reagiert auf das Signal der Fernbedienung, warum bloß?

Wellenlänge, Schwingungen? Tiere scheinen einen Instinkt für Katastrophen zu haben, es ist die Ruhe vor dem Sturm. Wie dieses animalische Frühwarnsystem auch immer funktionieren mag, jedenfalls ist es nicht mehr wissenschaftlich!!!

Ganz lustig finde ich natürlich die „Radon-Theorie", dass die Tiere dieses aus tieferen Tiefen ausströmende Gas, vor einem Erdbeben wahrnehmen sollen. Wie lange glaubst du, dass das Gas, wenn überhaupt vorhanden, durch die Erdschichten braucht, bis es wahrgenommen werden kann – wenn es überhaupt durchkommt. Wie oben gelesen, Körperschall kann sehr schnell sein und der Bewegungs-Impuls über Neutrinos, wer weiß?

Also, um etwas Anwendung in die ganze Theorie zu bringen: Man kann mit seiner Laune seine Umgebung infizieren. Man kann sich selbst dazu zwingen gut gelaunt zu sein. Entscheide selbst, was das Leben angenehm macht.

Oder ein Bekannter von mir: Er trug sein Handy immer in der rechten Hosentasche und bekam Probleme mit dem rechten Hoden – Strahlung, Elektrosmog! Nach einem Besuch beim Heilpraktiker trägt er sein Handy in der Jackentasche, die Hodenprobleme sind verschwunden.

Der Mensch im Fokus* der Wissenschaft

Wissenschaftstheorien gibt es haufenweise und je mehr man darüber liest, umso verwirrter kann man werden. Was mich immer wieder fasziniert sind die beinahe unmöglichen Wörter die irgendwo ausgegraben werden – Wörter machen eine Sache nicht wissenschaftlicher, insbesondere wenn man keine gut verständlichen Definitionen dafür hat!

Wissenschaftlichkeit scheint mit Recht und Recht mit Wahrheit eng verbunden, der Richter wird immer nach einem Beweis fragen und es wird geprüft, ob der Beweis auch stichhaltig ist. Es wird also immer nach einem Etwas gesucht – wenn nichts da ist, kann nichts verklagt werden!

Somit wird die Wissenschaftlichkeit auf Materie reduziert, denn wenn es existent ist, dann ist es wahr. Der Nachweis von Diebstahl kann eine schwierige Sache sein, der Dieb stiehlt das Beweismittel. Es muss also zuerst bewiesen werden, dass die Sache vorhanden war bevor sie gestohlen wurde, es sei denn der Dieb wird auf frischer Tat ertappt.

Evidenzbasiert*, das Corpus Delicti*, das Etwas, was die Tat oder das Vorhandensein beweisen soll. Du hast Schmerzen im rechten Knie und gehst zum Arzt. Der Arzt macht ein paar Röntgenbilder und schickt dich zum CT*. „Nun", sagt der Arzt: „Das Knie sieht einwandfrei aus, wir können nichts finden! Sie müssen sich täuschen."

Ja, den Schmerz kann der Arzt nun mal nicht nachweisen, den fühlst nur du. Ebenso können deine Ängste und Sorgen in deiner gedanklichen Welt nicht nachgewiesen werden, da nützt auch keine reputable Quelle. Der Mensch ist ein denkendes Wesen und es sind die Gedanken die den Menschen ausmachen. Der Neurologe will mit farbigen MRT Aufnahmen Gehirnfunktion und somit Gedanken im Gehirn nachweisen. Nur ist es so, dass er keinen einzigen spezifischen Gedanken nachweisen kann. Er soll doch mal den wissenschaftlichen Nachweis erbringen, wann du an ein grünes Auto denkst und wann an ein rotes. Er kann keine Zelle aus dem Gehirn entnehmen und in dieser Zelle einen Gedanken oder eine Gedächtnis-Aufzeichnung nachweisen, ebenso umgekehrt, er kann dir keine Hirnzelle einpflanzen, um dir somit mehr Wissen zu geben.

So steht der Mensch mit seinen Empfindungen und Gedanken inmitten aller Wissenschaften. Den Körper nachzuweisen ist sehr einfach, es sind die ganzen chemischen Verbindungen. Jedoch das Wesen selbst, unterschiedlich vom Körper, welches denkt und fühlt, Hoffnung und Ziele hat, ist eine andere Sache. Nur die Person selbst wird sagen können was sie denkt und fühlt, aber sie kann keinen Nachweis für ihre Gedanken und Gefühle erbringen – sind die Gedanken und Gefühle dann nicht wahr? Ist der Mensch selbst nicht wahr, wenn es über chemische Verbindungen hinausgeht?

Schau ihn dir an, den Wissenschaftler. Wie weit ist er persönlich gekommen? Wie ist seine körperliche und geistige Verfassung und wie viel hat er für das Allgemeinwohl beigetragen?

Schmerz stoppt!

In der Tat! Wenn eine Person bei einer Sache verletzt wurde, wird sie der Sache gegenüber vorsichtig oder meidet sie. Sei es nun ein Autounfall und die Person möchte nicht mehr Auto fahren oder ihre Beziehung ging in die Brüche und sie ist erst mal davon „geheilt". Ebenso wenn man durch Worte verletzt wird, man mag den anderen nicht mehr so leiden. Schmerz ist also etwas, was man nicht haben mag, man macht einen Bogen darum oder zieht sich zurück. Genügend Schmerz in der Welt erfahren zu haben bedeutet sich vom Leben zurückzuziehen, einen Bogen darum zu machen.

Wenn ich schon wieder am Schreiben bin, machen wir die Medizin erneut schlecht: Trotz gegenteiliger autoritärer Lehrmeinung musste man eingestehen, dass die Nase mitten im Gesicht sitzt und das Herz das Blut durch den Körper pumpt. Zu Beginn des 19ten Jahrhunderts wurde man stubenrein – man hatte gelernt sich die Hände zu waschen, aber erst als man den Fürsprecher erschlagen hatte.

Heutzutage? Medizin - Akupunktur. Sehen wir uns dieses Thema wissenschaftlich an. Ich meine, der Mediziner kann es nicht erklären, er versteht es nicht, darum kann Akupunktur nicht wissenschaftlich sein. Komischerweise hat sich die Akupunktur im Modellversuch durchgesetzt, da man Resultate erzielt hat; dem Patienten ging es danach besser.

Der Mediziner, dieser Chemiker, sieht den Körper als Chemiewerk, nur dass es oberhalb der Chemie etwas gibt, was die Verbindung der Stoffe bestimmt. Chemie hat keine Absicht, ein Körper hat keine Absicht, Gehirn und Zelle haben keine Absicht, eine Idee ist keine Absicht, aber die Person kann eine Idee nehmen und Absicht dahinter stellen, damit die Idee um- und durchgesetzt wird.

Chemie und Physik werden als Wissenschaft gelehrt, weil man darüber Daten gesammelt hat und weil man darüber Daten gesammelt hat und es gelehrt wird, ist es wissenschaftlich – seltsame Sache. Über Akupunktur und deren Hintergründe hat man keine Daten gesammelt, deswegen ist sie nicht wissenschaftlich!?

Der Mediziner verwendet also Chemie, weil diese wissenschaftlich ist und nachweislich Schaden verursacht und missachtet die Akupunktur obwohl diese Resultate liefert: Irrenhaus! Der Mensch ist in seinem wissenschaftlichen Wahn soweit, dass er sagt, dass mit Hilfe der Quantenmechanik Atommodelle näher bestimmt werden können, um die verschiedenen Abläufe der Chemie näher zu erklären, dass sie aber nicht wüssten, ob sie mit den derzeitigen Atommodellen noch weit von der Wahrheit entfernt wären ... ich meine „wissenschaftlich!" ... dieses Verfahren funktioniert? Sehr gut, benutzen wir es und liefern wir Ergebnisse, ... irgendeinmal kümmern wir uns darum, die Hintergründe auszuknobeln und diese zu verstehen!

L. Ron Hubbard spricht im Kurs über „Die Einschätzung des Menschen", dass sich ein Energieimpuls mit 3 Metern pro Sekunde den Nervenfasern entlang fortbewegt. Ich weiß nicht, wie er das gemessen hat und ob es stimmt. Ich kann es nicht nachprüfen. So sagt er auch, dass wenn ein Schmerzimpuls auf eine Körperregion einwirkt, dort die Körperflüssigkeiten nicht richtig zirkulieren, somit Nährstoffe und Abfallstoffe nicht entsprechend ausgetauscht werden und der reguläre Heilprozess behindert ist. Bringt man die Person nun dazu ihre Aufmerksamkeit auf die verletzte Stelle zu richten, wird der optimale Stoffwechsel wieder hergestellt. Dies kann ich sicherlich bestätigen, wendet man die Prozesse an die er empfiehlt, wird der Heilprozess im Körper um das Dreifache beschleunigt; selber erlebt.

Du willst dich mit jemandem unterhalten und dieser wechselt dauernd das Thema. Was ist hier los? Die gleiche Sache wie mit dem Körper: Wo Schmerz ist macht die Aufmerksamkeit einen Bogen. Die Person versucht mit ihrer Aufmerksamkeit bei der Sache zu sein, die Daten abzurufen, die ihre Gedächtnisbanken gespeichert haben, um dies im Anschluss auszuplaudern. Gräbt die Person im Verstand etwas tiefer um grundlegendere Antworten zu bekommen und trifft nun auf ein „Schmerz geladenes" Thema, weicht sie aus.

Es ist tatsächlich so, dass der Schmerzimpuls im Verstand gespeichert wird, um die Person vor weiterer schmerzlicher Erfahrung zu schützen. Somit gibt dir der Verstand ein bestimmtes Verhalten vor, du wirst vorsichtiger, machst einen Bogen oder ziehst dich zurück. Schmerz blockiert also Erinnerung: Bewusstlosigkeit, Geburt, Tod. Könnte die Person die als Schmerz gespeicherte Energie stark reduzieren, wäre sie in der Lage sich an alles zu erinnern und vernünftige Gespräche zu führen. Und nicht nur das, sie würde auch logisch denken, ein entsprechendes Verhalten an den Tag legen. Es ist wie wenn man über eine gerade Linie gehen will und andauernd kommt jemand, der dich von der Seite anrempelt, du gerätst aus der Spur. Genauso ist es mit deiner Gedankenwelt. Die Themen des Daseins sind unterschiedlich geladen und somit gerät die Person beim Denken aus der Spur.

Interessanterweise gibt es eine direkte Verbindung zwischen Schmerz und Angst. Angst entwickelt sich bei der Vorahnung Schmerzen zu erfahren. Die Person wird auch nur dann Angst entwickeln, wenn sie bei einer ähnlichen Erfahrung einst Schmerz erlebt hat. Angst vor Ungewissem oder Neuem erfolgt deshalb, weil Ungewissheit schon oft zu schmerzhaften Erfahrungen geführt hat. Eine äußerst fähige Person wird nicht viel Angst haben können, da sie selbst bei Ungewissheit in der Lage war, größeres Übel abzuwenden.

Es ist lustig zu sehen, wenn ein Mann wie ein Bär, Angst vor einer Biene hat. Natürlich ist es nicht die Biene, es ist der Schmerz. Somit hat der Kleine oft Angst vor den Großen, aber er lässt eins außer Acht, dass auch er Schmerz zufügen kann.

Ein Boxer oder Rennfahrer wird dann in seinem Job schlecht werden, wenn er genügend Schmerz eingesteckt hat. So der Mensch nur noch schlecht für das Leben geeignet ist, weil er zu oft auf die Ohren gekriegt hat. Somit findet sich der Zusammenhang zwischen Angst, Schmerz, Krankheiten, Kompliziertheit des Menschen (wenn etwas logisch ist, ist es nicht mehr kompliziert), Zuverlässigkeit und Fähigkeit.

Im Leben willst du mit Sicherheit auf das richtige Pferd setzen, hier hast du deine Kriterien. Den Angstpegel eines Menschen kannst du sehr schnell bei einer schnellen Autofahrt herausfinden, du wirst feststellen, ob die Person die Naturgesetze erleben kann oder ob der Verstand das Ganze vermasseln wird.

Schmerz ist bis dahin eine sinnvolle Sache, um den Körper vor größerem Schaden zu schützen. Aber die Energie des Schmerzes hat im Verstand überhaupt nichts verloren, sie hindert die Person am neutralen Denken und dem Ersinnen optimaler Lösungen. Sie lässt sich nur in einer Dianetik-Sitzung* auslöschen. **Angst ist es, die einen das Leben nicht erleben lässt, sie hat noch keinem Menschen geholfen.**

Emotion

Was ist Emotion? Durch das Wort selbst scheint wenig zu erkennen zu sein: Emotion = Bewegung. Tatsächlich ist es so, dass der Körper durch Emotion bewegt wird oder die Person selbst durch Emotion bewegt ist. Tod ist keine Emotion. Man könnte einem toten Körper allerlei Hormone, Drogen oder Medikamente spritzen, es findet keine Emotion mehr statt!

Nehmen wir ein kleines Kind, welches sich noch unbefangen von den gesellschaftlichen Mustern emotional verhält. Nehmen wir an, das Kind möchte ein Stück Schokolade. Es kommt also voller Begeisterung zu den Eltern um ein Stück Schokolade zu haben. Es wird abgewiesen. Die ursprüngliche Begeisterung fällt und das Kind wird etwas zurückhaltender. Die nächste Bitte wird erneut abgewiesen. Nun flacht das Interesse ab, und das Kind wird wütend, schreit oder fängt zu heulen an. Bleiben die Eltern hart, wird das Kind aus lauter Trotz oder Resignation (Apathie) keine Schokolade mehr wollen – zumindest in diesem momentanen emotionalen Zustand. Wahrscheinlich wird es kurze Zeit später erneut nach etwas süßem fragen, wenn es sich wieder aus der unteren Emotionsebene erhoben hat.

Es gibt also einen emotionalen Bandbereich, den die Person tagtäglich durchlebt: Erfolge oder gute Nachrichten heben das Emotionsniveau an. Verluste, Niederlagen, schlechte Nachrichten senken das Emotionsniveau ab. Im Laufe der Zeit sinkt das allgemeine Emotionsniveau der Person aufgrund vieler schlechter Erfahrungen oder wegen nur eines Schicksalsschlages und sie scheint im unteren Bereich stecken zu bleiben. Jedenfalls bewegen sich Erwachsene auf einem anderen Emotionsniveau als Kinder. Schau es dir an, wer kann mehr Begeisterung für eine Sache zeigen als ein Kind?

Eine Skala der Emotionen (B05): Begeisterung, starkes Interesse, Konservatismus*, Langeweile, Antagonismus*, Wut, Angst, Gram, Apathie*, Tod – dies als kurze Darstellung, ohne die Feinheiten aufzuführen. Jede Emotionsstufe hat ihre ganz bestimmten Eigenarten, wie Denken, Handeln, Zustand des Körpers usw. – der Organismus wird von Adrenalin geflutet, wenn man wütend ist, um körperliche Energie zu aktivieren.

Tatsächlich ist es ein ganzer Abschnitt eines Studiums, dargelegt in den Büchern von L. Ron Hubbard über einige tausend Seiten. Ich möchte mich an dieser Stelle nicht in spezialisiertem Wissen ergehen, um Emotion wissenschaftlich zu beleuchten. Es genügt schon mal einfach, wenn man selbst beobachtet und an sich selbst feststellt, dass es Emotion gibt!

Emotionen sind messbare Werte, es sind Wellenlängen. Man hört an der Stimme des anderen, ob dieser begeistert, gelangweilt oder wütend ist. Bei genauer Betrachtung muss man davon ausgehen, dass die Stimmbänder in eine exakte Bewegung versetzt werden müssen. Es liegt also ein Energieimpuls an den Stimmbändern an, der die Bewegung verursacht – so auch die Herzfrequenz.

Leider ist die konventionelle* Wissenschaft nicht soweit, um eine plausible* Theorie darzustellen, da über elektrische Energie sehr wenig funktionsfähiges Wissen existiert. Die Stimmbänder werden schwach elektrisch angesteuert, es ist ein Impuls*! Wäre elektrische Energie „freie Leitungselektronen*" oder Photonen*, wäre eine präzise Steuerung nicht möglich. Es ist eine direkte Steuerung, wie das vorwärts oder rückwärts Bewegen eines Hebels, wäre dies nicht der Fall, hätte man keine präzise Steuerung! Auf diese Weise wird das komplette neurale* System gesteuert, inkl. die Drüsen.

In der Medizin hört man, dass Hormone Gefühle verursachen. Es ist genau anders herum. Die Drüsen müssen erst den Energieimpuls erhalten bevor sie Hormone ausschütten. Erst muss die Person wütend werden, bevor der Körper sich der „Wellenlänge Wut" anpasst. Würde man die Person als Funktion und den Körper als Struktur bezeichnen, steht die Funktion oberhalb der Struktur, also Geist über Materie. „Hach", denkt sich der Mediziner: „Was ist bei einer Verletzung?" Erst kommt ja mal der äußere Impuls, der die Abwehrmaßnahmen des Körpers aktiviert! Was bedeutet, dass die Struktur auf die Funktion einwirkt." Na ja, wie gesagt: Ein toter Körper tut nichts mehr, auch wenn man ihm ein Bein amputiert. Bei einer Verletzung „meldet" der verletzte Bereich die Verletzung durch einen Impuls – man bedenke, der Körper ist ein organisierter Zellverband, in dem durchaus jede einzelne Zelle* für sich lebt. Dieser Impuls wird wiederum ausgewertet und ein anderer Impuls vom Kontrollzentrum (die Person, **nicht** das Gehirn) zur Einleitung der Gegenmaßnahmen gesendet.

Genug der Theorie! Ich meine, der Mensch will einen Messwert und eine Erklärung dazu haben, warum die Dinge sind, einfach nur zu glauben mag er nicht, er braucht eine solide Bezugnahme.

Um was geht es mir wirklich? Nun, der Mensch erzieht seinesgleichen dazu, seine Emotionen nicht auszuleben: „Ein Indianer kennt keinen Schmerz", „Deutsche Jungs weinen nicht", „Wer wütend ist, hat sich nicht im Griff!"

Emotionen sind ein „Katalysator"* für die Erlebnisse dieser Welt. Wenn jemand wütend ist, soll er wütend sein, wenn jemand traurig ist, soll er weinen! Er wird solange weinen oder wütend sein, bis sich der Energieimpuls vollständig erschöpft hat. Er wird durch das Ausleben einer Emotion sich in die nächst höhere Emotionsstufe bewegen, bis hin zur heiteren Gelassenheit, was oberhalb von Begeisterung angesiedelt ist. Wird die Emotion nicht ausgelebt, erschöpft sich der Energieimpuls nicht, welcher weiterhin auf den Körper einwirken wird ... hier habt ihr es: *Mens sano in corpore sana*!*

Der körperliche Zustand ist ein direkter Anzeiger für den emotionalen Zustand. Leute in einem emotionalen Zustand von Angst sind häufig krank, haben Drüsenprobleme und das Leben erscheint düster. Es wird viel Geld für soziale Sicherheit ausgegeben. Die Umgebung ist unordentlich – wie der Verstand. Es zeigt sich eine Neigung zur Verantwortungslosigkeit, eher bereit Dinge hinzunehmen, anstatt etwas zu unternehmen. Hier sei anzumerken, dass Erziehung ein beeinflussender Faktor ist. Erziehung ist eigentlich übergeordneter Druck. Die Eltern arbeiten solange an ihrem Kind, bis es „erzogen" ist – so die Regierung mit dem Bürger. War der Druck groß genug und lange genug, wird dieses Verhaltensmuster entgegen der „natürlichen Ausrichtung" übernommen.

Die Emotion Angst hat eine ganz bestimmte Funktion, man wird hellhörig, die Sinne schärfen sich. Die Konzentration verbleibt fest bei den Wahrnehmungen. Die äußere Ordnung spielt keine oder eine geringe Rolle, da „Gefahr" im Verzug ist, bedenke, die Person hat Angst! Hände und Füße werden feucht, um die Griffigkeit auf den Untergrund zu erhöhen, dienlich zu einer besseren Flucht, sei es nun auf einen Baum oder zum Wegrennen. Erkennen ob eine Person in einem „ängstlichen" Zustand ist ... Körpergerüche wegen Schweißabsonderung. Es ist nicht zu erwarten, dass diese Person rational denkt, sie hat nun mal Angst!

Die Umgebung ist eigentlich der bestimmende Faktor für die Haltung des Organismus der Situation gegenüber. Bei Wut werden Kräfte aktiviert die man „normal" nicht hat, man neigt dazu anzugreifen oder sich hart zu verteidigen.

Langeweile wiederum entspannt das ganze körperliche System, die Aufmerksamkeit zerstreut sich. Wohingegen sich die Aufmerksamkeit bei „Interesse" erneut fixiert, diesmal aber auf rationeller Ebene, zum Auswerten einer Information oder Situation. Interesse liegt im oberen Bandbereich. Ganz grob könnte man die Emotionsstufen ins Verhältnis zu freier geistiger Energie setzen. Je tiefer die Stufe umso weniger geistige Fähigkeit und Tugend, je höher umso verantwortlicher, fähiger die Welt in ihrer Gesamtheit erkennen zu können, fähig die einzelnen Teile davon unterscheiden zu können und entsprechend zu handeln. In unberührbarer Gelassenheit da zu sitzen und nichts zu tun, was einige für heilig halten, hat wahrlich nichts mit geistiger Gesundheit zu tun!

Der Grund für die Emotionen des Organismus mag vollständig in der Evolution liegen, basierend in der Zeit von „Zähne und Klauen", wo es darum ging, den

Organismus gegen angreifende Fleischfresser zu verteidigen. Und wohlgemerkt, ich spreche vom Organismus, Tiere haben Emotionen, sogar Pflanzen. Es ist das „Leben" was die Emotion zum Ausdruck bringt in der Absicht den Organismus zu schützen oder in der jeweiligen Situation emotionell richtig zu reagieren ... wirkliche Vernunft ist nur in Gegenwart von Ausgeglichenheit und Gelassenheit zu erwarten, nicht unter Druck!

Nun sind wir aus der „Zähne und Klauen"-Zeit ausgestiegen, dieselben Emotionen jedoch noch immer wirksam. Das obige ist nur ein schwacher Einblick dazu, wie das Leben durch Emotion auf den Organismus einwirkt. Ein schwacher Einblick, um einen Hinweis zu geben, dass auch dies verstanden werden kann, der Mensch als lebendes Wesen verstanden werden kann, wenn er Emotion zum Ausdruck bringt und sich aufgrund von dieser verhält und entscheidet. Also, zum Abschluss, um es nochmals zu betonen: **An Emotionen ist nichts verkehrt, sie sind ein Teil vom Leben, durchlebe sie!**

Elektronik des Denkens

Ich schreibe mal ganz frei von der Leber weg, was ich bei meinem Studium über den menschlichen Verstand bisher verstanden habe.

Elektronik des Denkens, was versteht man darunter? Elektronik bedeutet so viel wie sich auf ein Elektron beziehend, durch die Aktion eines Elektrons verursachend. Allerdings zweckentfremde ich diesen Begriff Elektronik, ich benutze es als Metapher.

Aus der Physik ist bekannt, dass ein Elektron zu den Elementarteilchen gehört, also zu den Kleinstteilchen aus denen Materie besteht. Nun, ein Faksimile* besteht aus irgendetwas, sagen wir aus geistiger Materie, wobei wir den kleinsten Bestandteil dieser geistigen Materie als Elektron bezeichnen und somit diesem wunderschönen Begriff „Elektronik des Denkens" einen Hintergrund geben. Als Analogie kann man sich die Pixel* eines digitalen Bildes vornehmen, aus denen sich das digitale Bild zusammensetzt.

Der Mensch schaut durch seine Augen, hört über die Ohren, fühlt durch die Haut – er nimmt also durch körperliche Organe seine Umgebung war. Man kann nun hingehen und den Film, den man letzte Woche im Kino gesehen hat, vor seinem geistigen Auge erneut abspielen. Aber nicht nur das, man kann sich ebenso den Kinosaal zurückrufen, mit seinen Gerüchen, der Temperatur, der bequemen Sitzposition und sogar die Emotionen.

Wir stellen also fest, dass der Mensch seine Umgebung spiegelt, er zeichnet die hereinkommenden Wellenlängen auf, egal ob es Licht-, Schallwellen oder elektrische Impulse sind, die über die Haut gesendet werden. All diese Impulse formen die kontinuierliche Gedächtnisaufzeichnung. Aus dieser kontinuierlichen Gedächtnisaufzeichnung kann man sich einzelne Bilder separat anschauen, man muss sich nicht immer den ganzen Film vornehmen.

Vielleicht setzt sich mal jemand hin und rechnet den Datenstrom aus, der fortwährend in den einzelnen Menschen hineinfließt. Er ist enorm! Man könnte sagen, dass pro Sekunde 100 Bilder abgelegt werden, mit allen Wahrnehmungen, wobei jede Wahrnehmung eine eigene zu speichernde Einheit darstellt und einzeln abgerufen werden kann. Tatsächlich muss die Arbeitsgeschwindigkeit des Verstandes das Mehrfache der Lichtgeschwindigkeit sein, alleine der kontinuierliche visuelle Datenstrom bewegt sich mit 300.000 km pro Sekunde, ... du siehst es und es wird aufgezeichnet. Dazu kommen die Datenströme der fünf Sinnesorgane und die entsprechende Auswertung der Informationen, ob der Café vielleicht zu heiß ist und der Typ gegenüber einen schlechten Geschmack hat, was Kleidung anbelangt.

Einige schaffen es sogar während einer Unterhaltung einen eigenen Film im Verstand abzuspielen, welcher mit der tatsächlichen Unterhaltung mit dem Gegenüber nichts zu tun hat – wie z. B. den kürzlichen Streit den man hatte. Kein chemischer Stoffwechsel vollzieht sich in dieser Geschwindigkeit, die Trägheit der Massen lässt dies nicht zu. Der Verstand scheint auf einer „elektronischen" Art und Weise zu arbeiten. Jedenfalls wird dieser Datenstrom in den Zellen weder als Wellenlänge noch als umgewandelte Energie gespeichert. Ich meine, wie soll das geschehen? Materie funktioniert durch Masse, jede chemische Verbindung wiegt etwas und diese sollte entsprechend zerlegt und anders zusammengesetzt werden, da man beim Denken einfach gespeicherte Bilder willkürlich arrangiert, wie z. B. den Eifelturm mit Eselsohren und das Ganze noch in dieser Geschwindigkeit.

Die etwaige thermische Belastung beim Denken lasse ich mal ganz außer Acht. Ich meine, man würde auf „molekularer Ebene" kleinste Teilchen bewegen und verbände diese miteinander zu neuen Einheiten. Und wie in der Chemie und Physik bekannt, entsteht durch Bewegung Wärme. Dem Menschen würde wohl andauernd der Kopf qualmen, bei den fortwährenden Denkprozessen welcher er durchführt.

Vergessenheit? Hier wird es wirklich kompliziert. Schau, der Datenstrom verläuft 24 Stunden am Tag, man unterliegt also 24 Stunden am Tag dem Einfließen von Wellenlängen. Es gibt da keinen Zensor* der unterscheidet welche Wellenlänge empfangen oder nicht empfangen wird. Die Wellenlängen vom Ohr, von der Haut, den Augen oder Organen gehen schnurstracks durch die Nervenkanäle zum Gehirn und werden aufgezeichnet. Es gibt mentale Blockaden die den Zugriff zu den gesamten geistigen Gedächtnisbanken der Person behindern – aber selbst die kann man niederreißen, das Gedächtnis wird besser.

Die Person speichert diesen Datenfluss in sich selbst und sie scheint es jenseits der bekannten Physik zu vollbringen, jedenfalls bringen die Gedächtnisaufzeichnungen kein zusätzliches Gewicht - wenn sie nicht aktiviert werden!

Wichtig festzustellen ist, dass ein Faksimile Ladungspotential hat. Es wird sogar die Intensität der einfließenden Wellenlänge gespeichert. Es macht einen Unterschied, ob man zart mit der Hand gestreichelt wird oder ob man sich mit einem Hammer auf den Daumen schlägt – es fließt mehr Energie.

Ein Gedanke lädt sich auf? Nun, du nimmst die Sache nicht wie sie ist, du leistest Widerstand. Entweder siehst du etwas, was nicht so ist wie du es dir vorstellst und du regst dich auf oder du hast etwas verloren und willst es zurückhaben – du bist traurig. Menschliche Emotionen, aufgeladene Faksimiles entstehen dadurch, dass die Person dem Widerstand leistet wie die Dinge sind.

Und somit bildet ein Faksimile, also die Erfahrung selbst, die Grundlage für das menschliche Verhalten und psychosomatische Krankheiten. Und du wirst erst dann glücklich sein, wenn dein Verstand entladen ist! Weil es die schweren Gedanken sind, die dich herunterziehen.

Meinung ändern, Manipulation, Gehirnwäsche, Hypnose

Meinung ändern: Eine Geschichte: Im Mittelalter: Peter ist der Meinung, dass die Erde eine Scheibe ist. Jeder weiß das und alle sprechen so darüber. Hans kommt daher und beweist Peter, dass dies nicht sein kann. Peter ändert seine Meinung. Dies hier ist ein Beispiel darüber, wie man seine Meinung aufgrund besseren Wissens ändern kann, keine Gehirnwäsche, keine Manipulation.

Manipulation: Wie es in unserer heutigen Welt aussieht? Uns wird durch Werbung erzählt, dass Milch gesund ist, der Körper Fleisch braucht, Fluorid in der Zahnpasta gesund für die Zähne ist. Und dies wird sogar durch Gelder von der Regierung unterstützt. Die Leute, die die Wahrheit ans Licht bringen, werden verunglimpft oder es wird versucht sie mundtot zu machen. (B04)

Etwas ist manipuliert, wenn es in der Weise verändert wurde, dass es nicht mehr dem entspricht, für das es ursprünglich bestimmt war. Zum Beispiel ein frisierter Motor bei einem Fahrzeug. Man bedenke, dass in der Regel alle Teile des Fahrzeugs aufeinander abgestimmt sind, wie Bremsen, Fahrwerk, Stabilität der Karosserie, um mit der Leistung und Gewicht zurechtzukommen und ein gewisses Maß an Sicherheit zu gewährleisten. Selbst ein frisierter Motor braucht eine neue Abstimmung betreffend Zündanlage, Auspuffsystem, Kühlung, Befestigung im Motorraum usw. Starke Manipulation wird nicht dafür Ausgelegtes zerstören.

Jemand ist manipuliert, wenn ihm gesagt wurde, was er von etwas zu halten hat und wie damit zu verfahren ist. Die gegebenen Informationen entsprechen nicht der Wahrheit und die wirkliche Absicht wird nicht dargestellt. Man erzählt etwa, dass die neue Anlage der zivilen Energiegewinnung dient. In Wirklichkeit werden aber dort Waffen entwickelt.

DAS MANIPULIERTE IST ANDEREN ZWECKEN DIENLICH!

Diese Form der Manipulation beginnt im Kindesalter durch die Schulzeit hindurch und weiter als Erwachsener. Der Mensch ist so vollständig von Unwahrheiten umgeben, dass er denkt, es ist schon richtig so. Oft sträubt er sich sogar einfach zu schauen, um die Wahrheit zu erkennen, er gibt sich mit einer Lüge zufrieden. **„Wenn die Lüge oft genug erzählt wird, wird sie zur Wahrheit."** (B04)

Gehirnwäsche: Gehirnwäsche ist ein Wort um den Bürger einzuschüchtern, um ihn zu „warnen". Der Bürger kann nur wegen seiner Unwissenheit darüber eingeschüchtert werden. Es wird sehr oft im Zusammenhang mit Verstand oder Geist benutzt. Und die einzigen die in der Regel diese menschenverachtenden Praktiken einsetzen, sind Regierungen. Woher ich das weiß? Ich gehöre zu den Menschen, die dies aufdecken und die Person von dem Zwang der Gehirnwäsche befreien. Findet eine Person dies in Sitzung heraus, ist sie äußerst entrüstet.

Hier die Funktionsweise: In der Gehirnwäsche wird der Person eine Information (Suggestion) eingepflanzt. Diese Information ist in der Regel ein Befehl, verbunden mit Schmerz. Dieser Befehl befindet sich unterhalb des wachen, steuernden Bewusstseins der Person. Sie weiß nicht, dass es ihn gibt. Und der Befehl kann nur eingepflanzt werden, wenn die Person „bewusstlos" ist. Dieses Geschehnis wird im Verstand an einem Ort abgelegt, an den die Person keinen direkten Zugriff hat. Das Unterbewusstsein gibt es nicht, es ist ein Märchen der modernen „Geisteswissenschaften". Wird dann der Befehl zu gegebener Zeit nicht ausgeführt, schaltet sich der Schmerz ein, um die Person zur Durchführung zu zwingen.

Ein Beispiel: Gerd soll dazu gebracht werden einen Politiker auf einer Veranstaltung zu ermorden. An einer Bushaltestelle bekommt er von hinten eine Betäubungsspritze und verliert das Bewusstsein. Der Krankenwagen steht bereit und lädt ihn ein. Er wird in ein Zimmer gebracht und sehr übel zusammengeschlagen. Seine Bewusstlosigkeit wird durch weitere Drogen vertieft. In diesem Zustand bekommt er den Befehl. Er wacht im Krankenhaus auf und ihm wird gesagt, dass er einen schweren Unfall gehabt hätte und bewusstlos war.

Gerd entwickelt Neigungen, die er zuvor nicht hatte, er interessiert sich plötzlich für Politik. Irgendwie ist er an einer politischen Veranstaltung interessiert. Wegen der Gefahr durch Extremisten, denkt er, sollte er besser ein Messer mitnehmen. Er steht direkt vorm Podium als der Politiker auftritt. Mit einem Mal hat er den Zwang den Politiker zu erstechen, doch er will es nicht tun. Schmerz schaltet sich ein ... **Glaubst du es sind immer deine Gedanken die du denkst?!**

Es ist nun egal, ob jemandem vorsätzlich eine Suggestion wie oben aufgeführt eingepflanzt wird. Wenn jemand unter Bewusstlosigkeit den Qualen einer Blinddarmoperation unterliegt und der Chefarzt von seiner schwangeren Frau erzählt und meint: „Ich liebe Kinder!", so hat er aus seinem Patienten einen potentiellen Pädophilen* gemacht, ob gewollt oder nicht. Jedenfalls hat er unserem Patienten eine saubere Suggestion eingepflanzt!

Bauchgefühl? Der Mensch ist Opfer seiner Erfahrungen. Hier haben wir den aus dem Militär entlassenen Soldaten. Er wurde im Dschungel angeschossen, und das letzte was er sah, bevor er ohnmächtig wurde, war eine Hand mit einem goldenen Ring. Er ist wieder zuhause und hat ein Date mit einer hübschen Frau in der extravaganten Dschungelbar in der anliegenden Stadt. Dort angekommen, erweckt das Etablissement tatsächlich den Anschein eines Dschungels. Bäume deren Laubwerk bis zum Boden reicht, die Luftfeuchtigkeit etwas höher, sogar ein kleiner Wasserfall ... es sieht genauso aus wie der Ort an dem er angeschossen wurde.

Also irgendwie fühlt er sich nicht ganz wohl als er der hübschen Dame gegenüber sitzt. Sie hat rote perfekt manikürte Fingernägel und einen Goldring. Jedenfalls verlässt unser Veteran fluchtartig das Gebäude, sein Bauchgefühl alarmiert höchste Gefahr. Man muss nicht im Krieg angeschossen worden sein, es genügen einfach schlechte Erfahrung mit einer Sache, wie z. B. der Geruch des Rasierwassers vom Ex, der einen geschlagen hat oder die Musik die lief als man einen Unfall hatte. Es gibt genügend Restimulatoren*, welche ein warnendes Bauchgefühl einschalten.

Gehirnwäsche macht sich bemerkbar durch schädliche, irrationale Handlungen, verbunden damit, dass die Person irgendwie krank zu sein scheint. Gehirnwäsche ist nicht zuverlässig - Stückweit hat die Person noch immer Entscheidungsfreiheit es zu tun oder nicht zu tun.

Ach ja, über die Funktion der Gehirnwäsche ist sehr wenig bekannt, ebenso über die Funktionsweise des Verstandes. Das Wissen an den Lehrstühlen scheint nicht über den „Pawlowschen Hund" hinauszugehen, geschweige denn, ein paar funktionierende Grundlagen anzubieten! Man kann kein Gehirn waschen, lediglich in den Verstand der Person Daten installieren, die die Person nicht ausgewertet hat.

Hypnose: Hypnose heißt eigentlich „schläfrig sein". Wird eine Rückführung* unter Hypnose gemacht, verliert sie ihren therapeutischen Nutzen - Die Person kann sich an die unter Hypnose enthüllten Informationen nicht erinnern, somit wird sie auf verstandesmäßiger Ebene keine Auswertungen machen können. Hypnose wird ohne Schmerzen und ohne Drogen durchgeführt.

Bei der manipulierenden Hypnose wird die Person in einen schlafähnlichen Zustand versetzt und bekommt eine Suggestion. Sie funktioniert ähnlich wie Gehirnwäsche und hat auch den „Nicht-Erinnern" – Aspekt. Übrigens können Menschen in sehr guter geistiger Verfassung nicht hypnotisiert werden. Hypnose verliert nach der Zeit ihre Wirkung, Gehirnwäsche nicht! Wird die Person in einem Wachzustand mit Hilfe bestimmter Kommunikations-Techniken in die Zeit zurückgeführt, als die Hypnose oder Gehirnwäsche stattfand, löst sich der Zwang der Suggestion auf. Man wird sich der Sache bewusst und Bewusstsein bringt Klarheit!

Gehirnwäsche und Hypnose haben immer einen negativen Einfluss auf die Person. Die Person wird ihrer Entscheidungsfreiheit beraubt und hat definitiv Verluste ihrer eigentlichen Fähigkeiten. Rein technisch gesehen wird ein Teil der Energie der Person abgekapselt und führt ein „Eigenleben". Diese Abkapselung ist immer ein Verlust. Anmerkung: Unfälle, Operationen oder bewusstseinsmindernde Mittel wie Drogen oder Alkohol können Effekte wie die Gehirnwäsche haben.

Noch ein paar Worte zu den Schergen der Regierung: Die Psychiatrie! Das Wissen über „Gehirnwäsche, Hypnose" musste ja entwickelt werden, vielleicht zur vollständigen Willfährigkeit des Menschen. Dazu dient ein Teilbereich der Psychiatrie, sie wird auch großzügig mit „Forschungsgeldern" unterstützt. Ob die Praktizierenden wirklich helfen wollen, sei dahin gestellt. In ihrer Ohnmacht, mangels besseren Wissens, werden die Patienten durch Medikamente ruhig gestellt, „so können sie sich nicht mehr verletzen".

Zum Teil werden Elektroschocks gegeben, welche das elektrische Feld um den Körper empfindlich stören. Nach einem Elektroschock ist eine Person immer schlechter dran als sie es zuvor war. Greif mal in eine Steckdose und du wirst es merken. Als letzte Therapiemaßnahme werden Teile des Gehirns durchtrennt, dies gibt dem Patienten den Rest. Das Kommunikationszentrum der Person wird zerstört, der Körper ist nutzlos, nur noch ein Gefängnis. Das Gehirn ist bloß die Schalttafel für den Körper. Es ist wie die Tastatur eines Computers. Durch die Tastatur werden Befehle eingegeben. Ohne Tastatur ist der Computer nutzlos! Würde man einen Psychiater fragen, ob er sich mit seiner Methode therapieren lassen würde, würde er dankend ablehnen. Er wird sagen: „Ja, aber die Leute sind doch krank!" Das gleiche Spiel mit der Medizin. Würdest du diese Gift-/ Chemiecocktails zu dir nehmen wenn du gesund wärst? Warum machst du es dann wenn du krank bist?

Ich meine, diese Chemikalien enthalten nicht den Bauplan zum Bilden des menschlichen Körpers, sie neutralisieren maximal Giftstoffe oder Mikroorganismen – der Körper heilt sich selbst, da ändert auch der Arzt nichts dran, dieser steckt dich höchsten ins Bett!

Du denkst dein Leben gehört dir? Äußere dem Arzt gegenüber Selbstmordgedanken, du wirst entmündigt und in die Psychiatrie eingewiesen. Das wars mit dem freien Willen, dort stehst du unter ständiger Überwachung. Dein Leben gehört der Regierung.

Noch ein abschließendes Wort zur Psychiatrie: Schlimme Sache! Aber noch schlimmer ist es, dass **wir** die Augen schließen und es zulassen. Meine Beobachtung mit der Psychiatrie? Ja, mein Onkel, er ging zur Psychiatrie als es ihm nicht gut ging. Jetzt ist er ein Wrack! **„Die Psychiatrie ist wahrscheinlich die mit Abstand zerstörerischste Kraft, die in den letzten 60 Jahren auf die Gesellschaft eingewirkt hat."** (Dr. Thomas Szasz, Emeritierter Professor für Psychiatrie, V01)

Eine Geschichte zum Schluss: Der Bürgermeister eines kleinen Dorfes sucht nach einer Aufsicht für die größere Schafherde des Dorfes, da der alte Schäferhund letzte Woche gestorben war. In der Nähe treibt sich ein Rudel Wölfe herum und der Anführer Mr. Isegrim bewirbt sich für den Job. Bei einem persönlichen Gespräch mit dem Bürgermeister erklärt er ihm, dass er und seine Brüder besonders für diese Arbeit geeignet wären. Man ist ja mittlerweile zivilisiert geworden, obwohl man noch naturverbunden leben würde. Das wäre natürlich auch der Vorteil für diese Arbeit. Die Sinne sind in der Natur geschärft und die tägliche Bewegung hält fit, um der Aufgabe gerecht zu werden. Des Weiteren kennen er und seine Brüder die Umgebung und sind mit all den Gefahren der Natur recht vertraut. Das klang dem Bürgermeister plausibel. Und der Wolf machte einen hervorragenden Eindruck. Also stellte er ihn ein.

Nach einer Woche ging ein Schaf verloren. Der Bürgermeister fragte was passiert sei, worauf der Wolf antwortete, dass es fortgelaufen wäre und Grund der drohenden Gefahr durch einen Bären, den er in den letzten Wochen gesehen habe, wäre es zu riskant gewesen die ganze Herde im Stich zu lassen. Er meinte weiterhin, dass es ernsthaft in Erwägung zu ziehen sei, die Wachen zu verstärken, in der Form, dass er seine Verwandten aus dem Norden hierher bitten würde – sehr kompetente und loyale Mitarbeiter.

„Ein Bär", dachte sich der Bürgermeister, „komisch, dass der Schäferhund nie etwas davon erwähnt hat." Die Woche darauf fehlten nochmals zwei Schafe. Der Bürgermeister ging wieder zum Wolf, um mit ihm zu reden. Als er zur Schafherde kam und sich umsah, fackelte der Wolf nicht lange und fraß den Bürgermeister auf.

Nimm diese Geschichte als Gleichnis, für unsere Politiker.

„An ihren Taten wirst du sie erkennen!"

Intellektuelle Bewusstlosigkeit

Nun, der Intellekt der Person ist eingeschlafen, ihre Fähigkeit durch Denken Einsichten und Erkenntnisse zu erzielen existiert nicht – es ist ein Zustand, welcher stufenweise anzutreffen ist, von äußerster geistiger Wachsamkeit und geistiger Schärfe bis zur vollständigen intellektuellen Bewusstlosigkeit.

Es ist wie der Drogenkonsument, der auf eine rote Ampel zufährt und noch über das schöne Rot erstaunt ist und nicht situationsbedingt handelt. Wahrgenommene gültige Werte werden nicht der Physik, den Gesetzen oder den Regeln des Anstands zugeordnet. Eine intellektuell aufmerksame Person nimmt die gegenwärtige Situation wahr, versteht und handelt angemessen, wie das aufkommende Quietschen vom Motor zu untersuchen, um einen kapitalen Motorschaden zu vermeiden.

Um die Wahrnehmungen gültigen Werten zuordnen zu können, muss man natürlich in den gültigen Werten ausgebildet sein, sie verstanden haben. Reguläre Schulausbildung macht dem Intellekt den Garaus. Nicht nur, dass man in der Schule unzureichend über gültige Werte lernt, man lernt in der Schule Wörter zu überlesen, die man nicht verstanden hat. Wörter nicht zu verstehen, nicht zu verstehen was mit einem Wort gemeint ist, ist die gleiche Größenordnung wie die Auslegung der aufkommenden abnormalen Geräuschkulisse einem sich abzeichnenden Schadens an einer laufenden Maschine – der Verstand wird Schaden nehmen. Ich kenne Leute, die ein ganzes Universitätsstudium absolviert haben, ohne nur ein Wort nachgeschlagen zu haben.

Man könnte sagen, dass der Mensch tatsächlich nur einen Sinn* hat, wobei dieser eine Sinn als die geistige Fähigkeit der Auswertung von wahrgenommenen Informationen zu bezeichnen ist und nur dieser, der Situation entsprechend, die Handlung einleitet. Hypnose, Gehirnwäsche und psychedelische* Mittel wie Drogen, einige Medikamente, Alkohol und starke Emotionen können die geistigen Fähigkeiten vollständig in ihrer Funktion stören – schau, das „Sinnesorgan" sendet weiterhin die Information, aber das Bewusstsein wertet die Information nicht aus.

Hüte dich vor Leuten, die auf emotionalem Niveau denken. Was diese mit Intellekt nicht schaffen versuchen sie durch Lautstärke auszugleichen. Reiner Intellekt steht direkt unterhalb von Beobachten. In den tieferen Bewusstseinsebenen wird man irgendwann Grübeln* und Emotionen finden.

Konventionelle Religion ist der Tod des intellektuellen Bewusstsein: Der einzige gültige Wert ist Gott! Man braucht nichts zu tun, Gott wird es schon erledigen!

Intellektuelle Bewusstlosigkeit? Wie lebt die Person ihr Leben, was tut sie für ihr Seelenheil und ihre Unsterblichkeit?

Ignoranz und mangelnder Intellekt sind der gemeinsame Nenner für den Untergang von Kulturen, Zivilisationen, Beziehungen – eigentlich jeglicher menschlicher Systeme. Man kann den Bürger mit seinen Belangen nicht einfach ignorieren! Der Bürger fühlt sich ungerecht behandelt und er begehrt auf. Ungerechtigkeit ist ein Grund für Volksaufstände, Revolutionen und Kriege.

Egal welcher Bereich vom Menschen ignoriert wird, früher oder später wird er zurückschlagen – jede einzelne der acht Dynamiken will existieren. Es liegt am Intellekt jedes Menschen und besonders der Führenden die Existenz aller acht Dynamiken sicherzustellen.

Intellekt resultiert in Verstehen und Logik. Man muss also die Dinge um einen herum verstehen, damit man aus Logik heraus Folgerichtigkeit entwickelt um die Dinge am Funktionieren zu halten. Bildung sollte ein Wertesystem, einen Kodex vermitteln der gewährleistet, dass der Mensch innerhalb dieses Systems Erde leben und sich weiter entwickeln kann.

Zurechnungsfähig?

Nun, eine Person ist in dem Maße zurechnungsfähig, wie sie richtig und falsch unterscheiden kann. Interessant ist das Wort selbst: Zurechnung. Der Verstand ist ein Servomechanismus* für die Berechnungen im Leben, er löst die Probleme, die sich im Dasein stellen. Ein Problem ist etwas, was gegen das Überleben gerichtet ist, es ist etwas, was dem Willen und den Absichten der Person nicht entspricht, sie möchte es anders haben und sei es nur ein kaputter Fernseher. Je mehr man unfähig ist, die optimale Lösung zu erreichen, umso paranoider* ist man.

Es ist in der Tat so, dass man jegliche anstehende Bewegung „ausrechnet". Wenn du eine Tür öffnen willst, ordnest du dem Arm eine bestimmte Kraft zu, um die Türklinke herunterzudrücken. Aus Erfahrung hat man einen Automatismus aufgebaut, welche die Türklinke mit einer bestimmten Kraft hinunter drückt. Man würde eine Türklinke zu Anfang nie mit voller Kraft herunter drücken oder eine Schublade mit voller Kraft herausziehen – würde man dies tun, wäre man nicht zurechnungsfähig, da mit dem Einsatz unangemessener Mittel Schaden verursacht werden kann.

Ebenso im geistigen Bereich: Die Person wird nur die Dinge durchdenken, also in eine Berechnung hineinfließen lassen können, über die sie etwas weiß. Somit wird ihr Wissen ihr Verhalten bestimmen. Hat die Person in ihrer Vergangenheit nichts Vernünftiges gelernt, keine vernünftige Schlussfolgerungen aus ihrer Erfahrung gezogen, wird sie auch weiterhin ein unvernünftiges Verhalten an den Tag legen. Man bedient sich also alten Werten um Berechnungen anzustellen.

Eine Person ist unzurechnungsfähig, wenn sie sich in Situationen oder ihren Mitmenschen gegenüber unangemessen verhält. Angemessenes Verhalten wäre eine Situation zu analysieren und eine funktionierende Lösung hervorzubringen oder eine Person in ihrem Tun bestätigen, wenn sie richtig tut.

Den Hund zu treten, wenn man Ärger mit der Frau hatte oder mit Stimmgewalt oder Repressalien* Vorgehens-/Verhaltensweisen zu erzwingen, den Anderen einzuschüchtern, ist wahrlich kein Zeichen von Zurechnungsfähigkeit ... es wird da einfach nicht richtig berechnet.

Die Zuordnung von richtig und falsch, recht oder unrecht ergibt sich im Recht oft mit der Frage: Wer hat was verursacht? Wobei Verursachung direkt mit Verantwortung gleichgesetzt werden kann, also: Wer ist für was verantwortlich?

Wie zurechnungsfähig glaubst du, dass der Mensch derzeit ist? Er sieht zu sehr auf seinen eigenen Bereich, 1 cm vor seiner Stirn. Und da dies die Regel ist, haben Rechtsanwälte alle Hände voll zu tun!

Zurechnungsfähig, in der Lage sein im Leben richtig zu entscheiden? Aus welcher Grundlage heraus entscheidet der Mensch? Nun, man entscheidet aus emotionalen oder intellektuellen Gründen. Sich für den Kauf von etwas oder für eine

Person zu sein wird sehr oft aus Zuneigung heraus entschieden, also wie einem die Sache oder die Person gefällt, dies könnte man als eine emotionale Entscheidung klassifizieren. Intellektuelle Entscheidungen werden nun aus reinem Nutzen entschieden, wie Leistungsfähigkeit oder Güte*.

Zu oft ist es so, dass man sich die Sache nur aus dem Grund zulegt, weil es einem gefällt! Man kauft das Auto aus dem Grund nicht, weil einem die Farbe nicht passt oder einem die Form unschön vorkommt – Leistung, Langlebigkeit und Preis geraten in den Hintergrund!

Der Psychologe spricht von Neurosen. Neurose bedeutet einen emotionalen/ geistigen Konflikt, welcher der Person bei der Bewältigung des Alltags im Hinblick auf gültige Entscheidungsfindung Probleme bereitet. Ich meine, man entscheidet sich aus emotionalen Gründen, um später festzustellen, dass die Sache nicht funktioniert, geblendet dadurch, dass einem die Sache zu Beginn gut gefallen hat. Diese war z. B. rosa und da man eine „Rosa-Neurose" hat, wurde sie halt gekauft. Oder man kann jemanden nicht leiden, weil er eine „Verbrecher-Nase" hat, was auch immer dies sein mag.

Eine Neurose wäre also etwas, was einem selbst Nachteile bereitet, dass man sich entweder Dingen verschließt oder öffnet, ohne die Sache intellektuell erfasst und ausgewertet zu haben. Na ja, ich meine, viele Leute sind stolz auf ihre Neurosen und sie werden sich einen Teufel darum kümmern diese los zu werden ... man liebt sie! Vielleicht waren sie irgendwann ein Schutz? Leute mit einer „Verbrecher-Nase" begehen nun mal Verbrechen und alle Dinge sind lieb, die rosa sind ... natürlich auch der Giftpilz mit ähnlicher Färbung.

Psychose? Die Person hat nun vollständig die Fähigkeit verloren zu unterscheiden. Bösartige Gedanken werden zur Realität, plötzlich gibt es FBI Agenten und Marsmenschen. Die Person erwehrt sich diesen mit Gewalt und wird somit eine Gefahr für andere oder für sich selbst, da man sogar von einem Dämon besessen ist, den man loswerden will. Unangebrachter Einsatz von Gewalt deutet nun einmal darauf hin, dass mit der Person etwas nicht stimmt.

Eine Prügelei, Krieg? Welcher Gedanke hat die Macht über die Person ergriffen, der befiehlt es zu tun? Wie stark ist die Person selbst, um diesem Gedanken Einhalt zu gebieten?

Schlau daher zu reden ist kein Indiz für geistige Gesundheit, wie etwa der Atomwissenschaftler in Diensten der „Verteidigung", der Psychiater im nachrichten-dienstlichen Auftrag (Spionage) oder der Politiker der die Konjunktur durch weitere Verschuldung des Staates ankurbelt ... dies sind alles Schritte in Richtung Untergang.

Es war in der Vergangenheit schon immer so, dass nur die Lösungen von Dauer waren, bei denen Verständnis und Einverständnis erzielt wurden, eine intellektuelle

Vorgehensweise – Gewalt und Willkür brachten nur weitere Gewalt und weitere Willkür hervor!

Schau nun selbst ob die Menschen in deiner Umgebung zurechnungsfähig sind oder doch neurotisch/psychotisch.

Parameter

Definition: kennzeichnende Größe, mit deren Hilfe Aussagen über Aufbau, Leistungsfähigkeit von etwas gewonnen werden; [*para* = neben + *meter* = Maß]. Nun, wenn man die Parameter von etwas kennt, hat man einen Orientierungswert, man weiß woran man ist - wie das Auto, es hat 40 KW (früher 55 PS).

In der modernen Technik hat man Maschinen, die mit bestimmten Parametern laufen, welche zuvor eingegeben werden. Einer Computer gesteuerten Fräse werden Maße (Parameter) eingegeben, anhand derer die Maschine eine Form aus einem Material fertigt.

Wie ist der Mensch nun eingestellt? Was sind seine geistigen Werte an denen er sich orientiert wenn er durchs Leben geht? In „Meine Philosophie" steht: „Der Mensch erlebt diese Welt durch seinen Verstand." Ursprünglich schrieb ich: „Der Mensch durchlebt diese Welt mit seinem Verstand." Was ist jetzt präziser? ... erlebt diese Welt durch oder mit seinem Verstand? Was trifft den Nagel besser auf den Kopf?

Schau es dir an: Du stehst im Dschungel als Jäger einem hungrigen Tiger gegenüber. In dieser Situation fällt dir keineswegs ein, zu dieser Miezekatze hinzugehen, um diese zu streicheln. Wenn du in dieser Situation auf das Tier schaust, erblickst du eins: Gefahr. Du siehst nicht wirklich das Tier als Tier, sondern die Gefahr. Du schaust also tatsächlich nicht durch deine Augen, sondern durch deinen Verstand. Dieser sagt dir, wie du dich zu verhalten hast, was richtig oder falsch ist – eine individuelle Einschätzung der Situation, welcher eine ganz individuelle Verhaltensweise folgt.

Und hey, du brauchst nicht im Dschungel einem Tiger gegenüber zu stehen. Die aufgezeichneten Erfahrungen in deinem Verstand beeinflussen dich bei was auch immer du gerade wahrnimmst. Schau, du identifizierst deinen Gegenüber mit den Erfahrungen, die du mit ihm hattest, bzw. was du über ihn gehört hast. Du behandelst deine Mutter, deinen Vater, deine Geschwister, deine Freunde anders als jemanden, den du gerade kennenlernst. Es erscheint unmöglich wieder mit jemandem gut Freund zu sein, wenn die Bande des Vertrauens und der Freundschaft gebrochen wurden – dies wird nie vergessen!

Noch eine Story: Der frisch promovierte Arzt sah sich veranlasst seinen Arbeitsplatz zu wechseln. Er hatte in der gleichen Einrichtung eine Lehre gemacht und anschließend studiert. Als er vom Studium zurückkam, war er unter den Angestellten noch immer Pfleger Hansi und nicht Dr. Johannes Schmidt. Die Mitarbeiter hatten noch immer Pfleger Hansi im Kopf und nahmen nicht wirklich den Doktor wahr – so dann auch die entsprechende Umgangsform. Dr. Schmidt wechselte in eine andere Klinik. Dort war er Herr Dr. Schmidt, man siezte ihn. Dies ist auch der Grund, warum das Management Führungspositionen mit Leuten von außerhalb besetzt. Einfach deshalb, um die Autorität und den Status zu wahren. Es ist der neue Chef und nicht Hansi, der den Blutdruck nicht richtig ablesen konnte!

In diesem Sinne ist der Mensch ständig befangen, der Verstand lässt tatsächliches, nüchternes Beobachten nicht zu. Der Mensch ist Gefangener seiner Gedanken – es sei denn, er macht sich ein paar andere. ☺

Welche Parameter hat der Mensch und wie sind diese eingestellt? Wie mein Meister schon schreibt: **„Dies ist ein duales* Universum."** (B01) Also ein Universum von Gegensätzlichkeiten (Dichotomien; *dicho* = zwei + *tomare* = schneiden). Du kannst falsch nur erkennen, wenn du weißt was richtig ist und umgekehrt – deine persönliche Einschätzung der Dinge.

Welche essenziellen* Dichotomien haben wir noch, außer richtig und falsch? Gefährlich – sicher; Liebe – Hass; Freund – Feind; und vor allem: gut – böse. Mit dem Bezeichnen der Farben schwarz und weiß als Dichotomie kann ich mich nicht so recht anfreunden. Ich meine, was ist die Dichotomie von rosa oder gelb? Ebenso Tag und Nacht, diese sind Erscheinungsformen der Zeit* - wie ist es bei einer Sonnenfinsternis? Eine Dichotomie ist allerdings hell – dunkel, leicht – schwer. Wie auch immer, wenn du genug Zeit hast, kannst du selber über dieses Thema grübeln.

Mir geht es allerdings um den Verstand, um die grundlegenden Verhaltens-Parameter des Menschen. L. Ron Hubbard schreibt über das Studium des Verstandes, dass dies eigentlich ein Studium über Gut und Böse sei. Und ich glaube, da hat er recht! Gut und Böse. Du umgibst dich mit Dingen die gut sind und machst einen Bogen um die Dinge die böse sind.

Allerdings hat der Mensch da seine eigenen Vorstellungen. Ich erinnere mich einer Sache in meinem Heimatdorf. Die Eltern einer Bekannten sprachen schlecht über einen Jungen, der schwul war. Im gleichen Atemzug sprachen sie auch schlecht über dessen Eltern. Sie selbst hatten mit dem Jungen nichts zu tun, nie ein Wort gewechselt. Aber der Junge war „böse" und der Tochter wurde angeraten den Kontakt zu meiden. Die Tochter sprach jedoch mit dem Jungen und fand heraus, dass er überaus höflich und freundlich war, Bereitschaft signalisierte um bei Bedarf zu helfen. Tatsächlich hatte dieser Junge einen guten gesellschaftlichen Wert, wenn er auch nicht der Moral einiger „vernünftiger" Leute entsprach.

Eine Enttäuschung erleben ... ent-täuschen, die Täuschung wegnehmen? Was soll dir in dieser Gesellschaft anderes widerfahren? Die Realität ist anders als einem in jungen Jahren beigebracht wird, die Realität ist anders als die Eltern, die

Lehrer es dir erzählen. Man kann nur dann enttäuscht werden, wenn man in einer Täuschung lebt, wenn man in einem Trugbild lebt, was einem durch die Umgebung oder einem selbst aufgebaut wurde. Somit liegt der Kern der Verletzbarkeit in einem selbst, da die Träume und Hoffnungen mit der Realität getauscht werden, man wird enttäuscht.

Sollte man nun keine Hoffnungen und Träume mehr hegen, damit man nicht mehr enttäuscht werden kann? Leider scheint es so, dass diese Welt so angelegt ist, dass man es nicht oder nur schwer schaffen kann. Die Ausbildung unterliegt der Willkür und nicht der Realität, es soll so gedacht und gehandelt werden, wie es einem gesagt wird, ohne genau zu beobachten was Sache ist.

Man kann von sich selbst oder seinen Mitmenschen enttäuscht sein, aber nur dann, wenn man sich selbst und seine Mitmenschen nicht kennt ... die Tugenden werden immer gepredigt, aber werden sie denn auch gehalten?

Na, wichtig wäre hehre* Maßstäbe anzusetzen und danach zu streben, würde man es nicht tun, hätten wir nur noch Mord und Totschlag, es ist ein maßgebender Umstand in „Treu und Glauben*" zu leben, da man zu Beginn die Vorstellung hat, dass es funktionieren wird, dass das eintreten wird was man sich vorstellt und es keine Täuschung ist – warum hätte man es sonst tun sollen?

Diese Welt lebt nur durch die Träume und Hoffnungen der Menschen und dass sie die Kraft* haben immer wieder aufzustehen, obwohl sie enttäuscht werden. Hey, arbeite daran nicht zu enttäuschen, es ist Unglück!

Was ist nun die tatsächliche Täuschung, die Realität oder die eigene Vorstellung? Sei dir eines gewiss, beides kann man ändern, doch welches davon ist erstrebenswert?

So ist es nun mal: Der Mensch ist in der Vergangenheit zu oft von schlechten Erfahrungen wie Schmerz und Verlust überwältigt worden. Diese wirken in der Gegenwart auf ihn ein, mit irrationalen* Handlungen und psychosomatischen Krankheiten. Somit sollte jeder selber überprüfen, ob die eigenen Parameter die richtigen sind!

Was den Menschen kompliziert macht

Was den Menschen kompliziert macht? Es ist **seine** „Logik"! - er verwechselt Logik mit Reiz-Reaktion.

Man könnte, der Anschauung halber, Denken in drei Kategorien einteilen:

(a) Identifiziertes Denken (Denken in Gleichsetzung; Reiz-Reaktion);
(b) Assoziatives Denken (Denken in dem man Dinge miteinander verbindet);
(c) Differenziertes Denken (Denken in dem man Dinge voneinander unterscheidet);

Nehmen wir als Beispiel eine Partei vor der Bundestagswahl, welche als Programm für die Verbesserung Deutschlands den Bau, bzw. Ausbau von Autobahnen hat.

Einige werden nun entrüstet auf die Blockaden steigen: „Was Autobahnen? Hitler* hat schon Autobahnen gebaut und diese dienten nur zu einem Zweck!" Oder eine Bekannte von mir meinte einem Mitarbeiter gegenüber: „Arbeit macht frei!" Dieser war nun seinerseits schockiert und erwähnte, dass dieser Satz über den Eingangstoren von KZ-Lagern zu finden sei. Welche Form des Denkens haben wir hier? Es ist identifiziertes, bzw. assoziatives Denken. Was hat Hitler im Jahre 2011 mit Autobahnen zu tun?

Die Person, die im Jahre 2011 Hitler und seine Absichten mit dem Bau von Autobahnen verknüpft, lebt mit einem Großteil ihres Verstandes in der Vergangenheit, sie ist nicht wirklich in der Gegenwart, diese Person ist paranoid, psychotisch, durchgeknallt, geisteskrank!

Wie viel Chancen, glaubst du, hätte ein brillanter Politiker, welcher sich voller Idealismus für das Wohl eines Volkes engagiert, wenn er mit dem Namen Adolf Hitler für ein Land als Regierungschef kandidieren würde? Dieser Name ist so energiegeladen, verbunden mit den Grausamkeiten eines fast alles zerstörendem zweiten Weltkrieges, dass der Mensch auszuticken beginnt, wenn er nur diesen Namen hört.

Autobahnen? Differenziertes Denken? Nun, für was dient der Gesellschaft mit ihren Absichten und Strukturen, Verbindungen zu den Nachbarländern, Autobahnen? Und wenn dir jemand wieder etwas über Krieg erzählen will, dann hat er zuviel Adolf Hitler im Kopf.

Aber diese Form der Geisteskrankheit, in der Form von Logik findet man genau in den eigenen Räumen: „Dein Ex hat eine Neue. Sie ist Unternehmerin und arbeitet von Zuhause. Ja, dein Ex braucht jemand mit einer starken Hand." Entgegnung erzürnt: „Was soll das denn jetzt heißen? Bin ich etwa blöd und stehe nicht mit beiden Beinen fest im Leben?"

So ergibt ein „falsches" Wort den größten Krieg im Haus. Man drückt unabsichtlich oder nicht bei einer Person auf einen Knopf und die Person spielt verrückt. Aber es sind nicht nur die Wörter die diese Reaktion auslösen, Geruch, Kleidung, Verhalten oder nur das Aussehen des anderen genügen schon, um die energiegeladenen Geschehnisse zu aktivieren. Man sieht den anderen zum ersten Mal und kann ihn nicht leiden! Oder man sieht ihn zum ersten Mal und ist in ihn verliebt!

Was kann die Person nun nicht leiden oder in was ist sie verliebt? Ist es die Person vor ihr oder die ähnlich gemachte Erfahrung aus der Vergangenheit? Natürlich bedeutet Denken, dass man die Wahrnehmungen aus der Vergangenheit benutzt, um die Aufgaben und Probleme der Gegenwart und Zukunft zu bewältigen. Aber es bedeutet nicht, dass sich einst schlechte Erfahrungen immer wiederholen, das wäre denken in Gleichsetzungen. Ein Denkvorgang umschließt Assoziation, Identifikation und Differenzierung.

Man möchte eine Schraube aufdrehen. Anhand der Erfahrung aus der Vergangenheit weiß man, dass man dazu einen Schraubenschlüssel braucht (Assoziation). Im selben Moment stellt man fest, dass es ein 10er Ringschlüssel ist, der passen wird (Identifikation). Jedoch, die jetzige Situation ist eine andere Schraube, eine andere Umgebung und anderes Werkzeug (Differenzierung).

Wenn man in der Vergangenheit schlechtes Werkzeug hatte und die Arbeit vermasselte, bedeutet es nicht, dass man jetzige, ähnliche Arbeit wieder vermasselt. Man kann die Faktoren im Jetzt erkennen und verändern. Die Faktoren aus der Vergangenheit sind nicht die Faktoren in der Gegenwart. Ich meine, einige nehmen keinen Schraubenschlüssel mehr in die Hand, weil sie sich in der Vergangenheit damit verletzt haben (Identifikation).

Wenn du mit einem Problem zum Psychologen gehst und er fragt, was für ein Problem du als Kind mit dem Geschlechtsorgan deiner Mutter oder deines Vaters hattest, versucht er ein früheres Problem anzugehen um ein jetziges Problem zu lösen. Stelle nüchtern fest, dass aus dem obigen Ansatz heraus, die Behandlung scheitern wird. Jeder Mensch hat seine ganz spezifischen Erfahrungen und nur der eigene Verstand wird das eigene Problem lösen können. Der Therapeut muss nur die richtigen Fragen stellen. Psychologie und assoziatives Denken? Das Lieblingsspiel einer modernen und verwirrten Gesellschaft. Ich meine, eine Zigarre ist eine Zigarre und kein Phallussymbol*... Rorschach*!

Ich meine, der Psychologe oder Psychiater versucht seit jeher den menschlichen Wahnsinn mit irgendeiner Form von Logik basierend auf irgendeiner Theorie zu lösen. Das geht nicht ... was man bisher auch feststellen konnte. Man löst den Wahnsinn nicht mit Logik! Ebenso wenig wie der Wahnsinn den Wahnsinn besiegen könnte. Man muss nur die Kraft entdecken die den Wahnsinn füttert und wenn man sich der Kraft entledigt hört auch der Wahnsinn auf!

Was des Menschen differenziertes Denken vermasselt? Es sind nicht die einst gemachten bewussten Erfahrung, die sich dem Menschen aufdrängen oder Unfälle die er sieht, Streitereien die er hatte, Missgeschicke oder Betrügereien die ihm widerfahren sind. Es sind die Geschehnisse, die mit solcher Kraft auf ihn einwirkten, dass er k.o. ging, bewusstlos wurde, wie die Geburt*! Diese Geschehnisse bilden den verborgenen Einfluss, welche per Knopfdruck reaktiviert werden können und der Mensch kommt aus eigenem Erinnerungsvermögen nicht an sie heran, weil sie durch die Mauern von Schmerz und Bewusstlosigkeit abgesperrt sind.

Schau, du machst einen Fehler in der Regel nur einmal. Wenn die Suppe versalzen ist, wirst du das nächste Mal weniger Salz nehmen, wenn die Schraube zu schwach ist, um den Gegenstand zu halten, nimmst du das nächste Mal eine größere oder eine aus anderem Material; wenn du durch deine Verhaltensweise Ablehnung bei deinen Mitmenschen erfährst, wirst du deine Verhaltensweise ändern. Du analysierst die Fehlerquelle, so dass es dir beim nächsten Mal nicht wieder passiert.

Das wirst du bei den Erfahrungen nicht tun können, welche hinter dem Vorhand des Vergessens liegen ... abgesperrt! Diese abgesperrten Erfahrungen drücken der Person immer eine bestimmte Verhaltensweise auf und die Person scheint nicht in der Lage dies zu ändern, sie macht den gleichen Fehler immer wieder! Es ist wie der Ehemann einer Bekannten, der seinen Sohn mit einem Ledergürtel schlug und der Ehemann abends wegen seines Verhaltens bitterlich weinte. Trotz gutem Zureden und Eingeständnisse der Besserung konnte der Ehemann nicht davon ablassen und schlug seinen Sohn immer wieder.

Logik, Folgerichtigkeit? Aus welchen Erfahrungen heraus verbiegt die Person das zu erwartende Resultat? Die „Logik" des Menschen ist soweit auf Abwegen, dass er durch irrsinnige „Erklärungen" dazu gebracht wird freiwillig Gift- und Abfallstoffe zu sich zu nehmen: Aus „Therapiezwecken" wird eigener Urin getrunken und Schlangengift (Medikamente) geschluckt! Es findet eine Dissoziation* statt, es gibt keine Zusammenhänge mehr, Dinge werden nicht mehr aufgrund von Naturgesetzen miteinander in Verbindung gebracht. Und der Mensch denkt noch immer er sei normal!

So lebt der Mensch in einer Lüge, zerfressen von Vorurteilen und versucht die Gegenwart mit der Vergangenheit zu vereinigen und nur der Tod scheint ihn von diesem Fluch erlösen zu können.

Unterschiede und Ähnlichkeiten

Nun, der Weg zur Geisteskrankheit ist alles in Gleichheiten auszuwerten, wie: alle Frauen sind gleich, alle Männer sind gleich und letztendlich: alle Menschen sind gleich. Der Begriff Geisteskrankheit unterliegt Abstufungen. Vollständige Geisteskrankheit mag vielleicht in einer Gummizelle, einer Zwangsjacke und starken Medikamenten enden, jedoch krank im Geiste zu sein, hat damit zu tun, keine Unterschiede und Ähnlichkeiten in seiner Umgebung festzustellen oder den Inhalt des Verstands nicht von der realen Welt trennen zu können, wie der Mann in der Gummizelle der von Außerirdischen und dem FBI verfolgt wird, obwohl keiner zu sehen ist oder in schwächerer Form die Angst vor einer kleinen Spinne oder einer Maus, also Gefahr dort zu sehen wo keine ist oder umgekehrt keine Gefahr zu erkennen, wo eine existiert.

Man kann es schon daran erkennen, dass unangemessen reagiert oder einem nicht richtig zugehört wird, der Gedanke den man seinem Nächsten gibt, nicht entsprechend analysiert und ausgewertet wird, sondern man nur Abwertung und Spott erntet. Ein heller und gesunder Geist würde die Idee nehmen und mit konstruktiver Kritik die Idee zurückgeben, anstatt die Person niederzumachen.

Die moderne Schulausbildung sensibilisiert* den Schüler kaum, über Unterschiede und Ähnlichkeiten nachzudenken. Aber es sind die Unterschiede und Ähnlichkeiten, die den tatsächlichen Wert einer Sache ausmachen. Schulausbildung ist absolut, was der Lehrer sagt ist immer richtig!

Im Besonderen gibt man sich in der Mathematik viel Mühe Dinge gleichzusetzen, im Versuch abstrakte Ideen in der realen Welt zu verwirklichen. Es funktioniert nicht! Selbst wenn man zwei Zigaretten nimmt, die aus einer Produktionsreihe entnommen wurden und „genau" gleich aussehen, stellt man doch fest, dass beide Zigaretten ihren eigenen Raum haben, womit wir zu zwei unterschiedlichen Raumeinheiten kommen.

Mathematik funktioniert sehr gut im Kopf und an der Tafel, aber im realen Universum gibt es Unterschiede – Mathematik dient lediglich als Annäherung.

Physik und Chemie? Seltsame Sache, die haben für einen Stoff unterschiedliche Atommodelle, aber es ist der gleiche Stoff! Na ja, man muss halt die Dinge so biegen, dass die verschieden Theorien, die sich jemand ausgedacht hat, auch stimmen.

In meiner Englisch-Ausbildung hieß es, sich ein eigenes Vokabelheft anzulegen, um auf diese Weise die im Unterricht verwendeten Vokabeln zu lernen. Später, als ich dann mit Engländern zu tun hatte, zwei jungen Kerlen auf der Arbeit, meinte einer von ihnen: „Nice shades, man!" Nun, „Schöne Schatten, Mann!", verstand ich. Allerdings machte diese Aussage keinen Sinn und ich hinterfragte, was er damit meinte. Shade heißt nicht nur Schatten, sondern auch Brille. Tatsächlich fuhren wir während der Pause zum Imbiss und ich setzte meine Brille auf.

Wörter haben verschiedene Definitionen und es ist nicht verwunderlich, wenn man mit dem bloßen Schulenglisch nicht zurechtkommt. Aber es ist nicht nur die Fremdsprache, in der Wörter verschiedene Definitionen haben, welche man im Unterricht erlernen sollte, sondern auch die eigene Sprache. Man kann erst Unterschiede und Ähnlichkeiten erkennen, wenn man die Sache selbst kennt, anstatt nur eines Symbols, welches man als Wort bezeichnet.

Zu sagen „Das hört sich aber gut an.", aber nicht die Bedeutung zu kennen, die Wörter definieren zu wissen, zeugt vom Bildungsstand der Person, welcher keiner ist – wo sind wir bloß hingekommen? Gibt es dann auch noch gesetzliche Bestimmungen über die Bedeutung eines Wortes, wird das Chaos perfekt!

Ich las einen Artikel über zunehmende Armut in Deutschland. Ich meine, jeder hat eine Vorstellung darüber, wenn jemand arm ist: Die Person lebt wahrscheinlich unter einer Brücke, hat kaum zu essen und schlechte Kleidung. Ja, so denkt man darüber, der Staat mit seinen Statuten* jedoch ganz anders. Arm ist jemand, der einen gewissen Prozentsatz des Durchschnittseinkommens unterschreitet. Es werden nun alle Gehälter zusammengerechnet, ein Durchschnitt ermittelt und ein willkürlicher Prozentsatz festgelegt. Kommt nun vor, dass einige Leute auf einmal sehr viel mehr verdienen, wie manche Manager oder Vorstandsmitglieder, verschiebt sich das Durchschnittseinkommen. Im Klartext, aufgrund dessen, dass andere mehr verdienen, rutschst du nun in die Armutsgrenze, obwohl du genauso viel wie zuvor verdienst!

Von dem Problem hörte wahrscheinlich schon jeder, wenn man irgendwo auf dem Land in den alten Bundesländern € 2.000 netto hat, kann man recht gut leben, wohingegen man in München am Hungertuch nagt*, da es vielleicht gerade mal für die Miete reicht, zumindest in der Innenstadt. So ist auch der Warenkorb* im Hinterland anders als in der Großstadt.

Nun, was will ich damit sagen? Arm ist nicht arm und man muss über die Auslegungen der Wörter sehr genau Bescheid wissen, da dies sehr viel mit Vor- und Nachteilen verbunden ist. Wenn man die Definition von arm erfüllt, obwohl man eigentlich für sich selbst gesehen gut zurecht kommt, hat man Anspruch auf Wohngeld oder sonstige soziale Leistungen vom Staat. Der Staat treibt in jedem Fall seine Steuern ein und nimmt da keine Rücksicht, genauso wie sich der Vorstand eine Gehaltserhöhung genehmigt und weiterhin die Arbeiterschaft knüppelt* und diese im Vergleich mit ihrem Einkommen mit Almosen* abspeist, obwohl der Arbeiter den Job erledigt und das Herz der Firma darstellt!

Rechte und Gesetze in der Schule lernen, den Schüler sensibilisieren*? Na, man hält den Bürger lieber dumm und ungebildet, füttert ihn mit sonstigerlei Zeug und sagt ihm dies sei wichtig, dann lässt er sich leichter kontrollieren und man kann ihm sagen was er zu tun und zu denken hat.

Unterschiede und Ähnlichkeiten festzustellen ist genau das, was den Verstand ausmacht. Wenn Lieschen zu Hans: „Ich liebe Dich!" sagt, so gilt dies genau zu dem Zeitpunkt, an dem sie es sagt, 14 Tage später kann die Welt wieder ganz anders aussehen und es ist tatsächlich so, dass wenn man sich abends streitet, sich den nächsten Tag wieder vertragen kann. Zeit macht einen Unterschied! Wenn der Chef heute sagt, man sei der beste Mann der Firma, wird man vielleicht in der nächsten Woche von einem anderen abgelöst oder man ruht sich auf seinen Lorbeeren aus und vergisst, dass man den Arbeitsplatz oder die Beziehung jeden Tag neu erschaffen muss. Man muss seine Umgebung immer aufs Neue ins Dasein postulieren*, damit sie bestehen bleibt.

(Krankheiten)
Die Lüge der Krebsvorsorgeuntersuchung
Prolog*
Nun, es soll noch immer Leute geben, die auf einer Ebene von Bakterien, Hormonen, Aminosäuren, Genen und Zellen leben, Leute die noch nicht weiter gedacht haben, die nicht wissen, was sie selbst sind – davon abgesehen sind es etwa 99,99% der Menschheit!

Die Lüge

Die Lüge liegt in dem Wort selbst, was die Maßnahme der Medizin anbelangt: „Krebsvorsorgeuntersuchung"! Schau es dir an: Vorsorgen: du sparst Geld, damit du nicht in eine finanzielle Notlage kommst; du putzt die Zähne um Karies vorzubeugen, dafür Sorge zu tragen dies nicht zu bekommen.

Was macht nun der Mediziner? Per Ultraschall oder Abtasten vom Gewebe versucht der Arzt Unregelmäßigkeiten in der Gewebestruktur festzustellen. Es ist also tatsächlich so, dass nach etwas gesucht wird, was man schon hat, also keine Vorsorgemaßnahme! Der Befund ist ein Knötchen im Gewebe oder sonstige abnormale Veränderung. Der Arzt macht nun einen Abstrich*, schickt diesen an die Histologie* und wartet auf den Befund. Wenn es sich um eine bösartige Sache handelt wäre die Vorgehensweise wie folgt: Bestrahlung, Chemotherapie und/oder chirurgischer Eingriff. (B09) Nicht nur, dass mit dieser Behandlung gesundes Gewebe geschädigt wird, auch leitet der Arzt weitere psychosomatische Krankheiten ein, **= falscher Weg!!!**

Grundlagen: Der kleinste gemeinsame Nenner

Der Körper besteht aus Organen, diese aus Zellen, Molekülstrukturen, Atomen und zuletzt: Energieteilchen, der kleinste Baustein dieses Universums, selbst Elektronen, Neutronen und Protonen, die Teile des Atoms, bestehen daraus.

Hier noch ein paar Daten aus dem Internet: Magnetfeldtherapie*: „1984 erhielt der schweizer Quantenphysiker Dr. Carlos Rubia einen Nobelpreis für die Entdeckung einer mathematisch berechenbaren Naturkonstante, die das Verhältnis von Masseteilchen (Materie) zu den steuernden Energieteilchen darstellt. Ungefähr 1 Milliarde Energieteilchen sind notwendig, um eine Einheit Materie zu bilden. Dies bedeutet, dass alles Leben und die uns umgebende Materie zu 99,99% aus Energie bestehen.

Grundüberlegung der Magnetfeldtherapie ist die Tatsache, dass um jede Zelle ein elektrisches Feld besteht. Primär ist das Feld vorhanden und nicht die Materie! Materie ist als Funktion des Feldes aufzufassen. Materie löst sich immer wieder auf (in Energie, gleich Photonen) und bildet sich aufgrund eines stabilen Feldes immer wieder in gleicher Weise neu. Die energetischen Wechselwirkungsquanten* sind der Materie übergeordnet (nach Rubia). Das Schwingungsfeld ist für die jeweilige materielle Struktur charakteristisch, ganz individuell und damit unverwechselbar.

Alle Lebensvorgänge und deren Steuerung geschehen durch die Energie. Aus bio-physikalischer Sicht unterscheiden sich die unterschiedlichen Zellen und Zellgruppen in unserem Körper allein durch ihre jeweils spezifische Frequenz und kommen so ihren vielfältigen Aufgaben und Funktionen nach. Es ist heute bekannt (und messbar), dass lange bevor sich eine Störung (Krankheit) manifestiert, sich die Schwingung einer Zelle (Zellgruppe) zunehmend verändert hat." (Q07)

Also, ganz grundlegend: Energie schwingt auf einer bestimmten Wellenlänge. Strömt nun Energie auf eine Zelle ein, verändert diese ihr Aussehen und der Mediziner spricht von einer Krankheit.

In der Segmentardiagnostik kann man durch Messgeräte feststellen, ob Energie mit „schädlicher Wellenlänge" auf die Zelle einströmt. Wird mit Hilfe der Magnetfeldtherapie eine Energie mit gleicher Wellenlänge erzeugt, löst sich die anstehende Energie auf: Physikalisches Gesetz: Stoßen Energiepotentiale mit gleicher Wellenläge aufeinander, lösen sie sich auf!

Diese wäre nun eine wirkliche Vorsorge und Behandlung!!!

Nun, es geht aber noch weiter:

(a) Wo kommt diese Energie her?

(b) Was ist dieses elektrische Feld um die Zelle?

Morphogenetisches Feld*

„Rupert Sheldrake (* 1942) ist in Pflanzenphysiologie an der Cambridge University und in Philosophie an der Harvard University ausgebildet. Er interessierte sich dafür, wie Pflanzen und auch alle anderen Lebewesen ihre Form erhielten. Eine einzelne Zelle spaltet sich in anfangs identische Kopien, die mit jeder weiteren Zellteilung spezifische Eigenschaften annehmen; einige Zellen werden zu Blättern, andere zu Stängeln.

Andererseits weiß man, dass die DNA in nahezu allen Zellen des Organismus identisch ist. Somit blieb die Entstehung der Gestalt eines Organismus unklar. Man musste ja erklären, wie die Zellen, die gleiche DNA besitzen, in der Lage sind, zu verschiedenen Körperteilen beizutragen und sich auszudifferenzieren. Man vermutete zwar schon, dass die Informationen für die Entwicklung der Gestalt in der DNA codiert waren, aber die bei der Entwicklung ablaufenden Prozesse blieben unbekannt. Zu Beginn der 1990er Jahre wurde Existenz und Funktion des Morphogens durch Christiane Nüsslein-Volhard nachgewiesen, das für Musterbildung verantwortlich gemacht wird. (Q01)

Dieses morphogenetische Feld soll eine Kraft zur Verfügung stellen, welche die Entwicklung eines Organismus steuert, so dass er eine Form annimmt, die anderen Exemplaren seiner Spezies ähnelt. Der Begriff „Morphogenese" stammt von den griechischen Wörtern morphe (Form) und genesis (Entstehen, Werden).

Kraftfelder sind wohl allen aus dem Physikunterricht bekannt, wie zum Beispiel das Gravitationsfeld von Planeten oder Magnetfelder, welche man durch Eisenspäne „sichtbar" machen kann.

Nun, Sheldrake hat sich von der Forschung über morphogenetische Felder entfernt, aber es gibt Forschungen über diese Felder und das Entstehen dieser Energie welche Materie die Form gibt. Und nicht nur das, Therapien wurden entwickelt, wie die Person selbst Einfluss auf die Energie nehmen kann, die in ihrem Körper

Krankheiten entstehen lässt. Kein Wunder, denn selbst die „schädliche Energie" hat ihren Ursprung in der Person selbst. Ein Gedanke besteht aus dieser Energie und der Gedanke wird von der Person gedacht und die Person **ist** dieses „morphogenetische Feld", ein Wesen das für sich selbst existiert, nicht materiell, aber in der Lage Materie zu organisieren, so dass der Mediziner, der Biologe von Leben spricht. Ohne dich kein Leben, nur totes Fleisch welches zu Staub zergeht!

Epilog*

Es ist nun mal so, dass der durchschnittliche Bürger sich auf die etablierten Autoritäten verlässt und von diesen an der Nase herum geführt wird oder hast du all dies schon gewusst und entsprechende Schritte unternommen?

Es gibt die wildesten Zahlen über den Anteil psychosomatisch Kranker, teilweise seien es 90% aller Krankheiten. Das Problem liegt darin, dass „psychosomatisch" in medizinischen Kreisen nicht eindeutig dargelegt ist, die Funktion und Hintergründe nicht wirklich bekannt sind. Es ist wie wenn jemand versucht aus einer Anzahl Fahrzeuge PKWs und LKWs zu ermitteln, aber den Unterschied von den beiden Fahrzeugen nicht kennt und dieser nirgends festgelegt ist.

Tatsache ist, dass eine Krankheit eine unnatürliche Veränderung oder Fehlfunktion der Physis* ist, bzw. der Mensch von Missempfindungen, Depressionen, Ängsten usw. geplagt wird.

„Primär ist das Feld vorhanden und nicht die Materie!" Das heißt, dass das elektrische Feld um den Körper behandelt werden sollte und nicht die Materie. Leider ist es so, dass nur die Materie behandelt wird, weil der Mensch nicht weiß, was es mit dem elektrischen Feld um den Körper auf sich hat, wie dieses im Detail funktioniert.

Der Mensch weiß nicht was er ist! Und genau aus diesem Grund erträgt er die Behandlungsmethoden des 20sten Jahrhunderts. Bakterien? Diese sind immer zu finden, aber warum bist du dafür anfällig? Wie ich schon schrieb, bei Krankheit zum Arzt zu gehen ist der falsche Weg, er wird dich mit seiner Behandlung und Medikation fertig machen – Verletzungen und Infektionen(?) sind eine andere Sache! Krankheiten? Nun, kein elektrisches Feld, keine Krankheiten!

Krankheiten - Veranschaulichung

Als Veranschaulichung zum Artikel „Krankheiten" noch eine Skizze. Wie zu erkennen, ein Bild von einem Mann mit einer gezackten Umrandung. Die gezackte Umrandung soll das morphogenetische Feld darstellen. Die farblichen Stellen sollen ehemalige Verletzungen markieren, die das morphogenetische Feld als Erinnerung aufgezeichnet hat. Die „Erinnerung" befindet sich also genau an der Stelle, die verletzt wurde.

Tatsächlich ist es so, dass bei einer Verletzung der betroffene Zellbereich einen elektrischen Impuls aussendet. Die derzeitige medizinische Lehrmeinung ist, dass dieser Energieimpuls über die Nervenkanäle zum Gehirn gesendet wird, um dort entsprechende Gegenmaßnahmen zu koordinieren – ja, das ist der eine Teil der Geschichte und ist auch sehr schön auf der grobstofflichen Ebene nachvollziehbar.

Der andere Teil der Geschichte ist, dass das morphogenetische Feld der Materie übergeordnet ist und dort ebenfalls eine Aufzeichnung (= Faksimile) stattfindet – dies ist die feinstoffliche Ebene. Hier entwickelt sich nun der ganze Katalog der psychosomatischen Krankheiten, also Krankheiten, die der Körper aus sich selbst heraus entwickelt, im Gegensatz zu pathogenen Krankheiten welche durch Krankheitserreger verursacht werden.

Ein Faksimile ist eine eigenständige Energie-Einheit und wirkt auf den betroffenen Bereich des Körpers ein, wenn aktiviert. Hier möchte ich nur ganz, ganz kurz in die Materie „aktivieren von Faksimiles" einsteigen, das Thema wird im Dianetik-Buch (B05) ausreichend behandelt. Ganz grundlegend will der Organismus überleben. Ein Organismus besteht immer aus einem morphogenetischen Feld und Materie. Fehlt das morphogenetische Feld, so wird der Organismus seine lebenserhaltenden Funktionen einstellen und zu Staub zerfallen. Der Organismus überlebt dadurch, indem er Schmerz vermeidet. Schmerz ist der drohende Verlust von Zellen, eines Zellbereiches oder gar des ganzen Organismus. Je stärker der Schmerz, je größer die elektrische Ladung des Faksimiles.

Das Faksimile wird den Organismus warnen, wenn er sich einer Gefahrenstelle nähert. Beispiel: Eine Frau hat Mitte November bei Nebel in der Dämmerung einen Autounfall und zieht sich ein Schleudertrauma zu. Sie bekommt nun immer Verspannungen im Hals-Nackenbereich, wenn sie sich in dasselbe Auto setzt oder bei Nebel in der Dämmerung oder wenn sie in die Nähe des Unfallortes kommt. Es ist also so, dass die gesamten Details der Szenerie die den Unfall ausmachen, das Faksimile restimulieren (aktivieren). Es kann so weit gehen, dass wenn während des Unfalles im Radio „Alle meine Entchen" lief, auch dieses Lied die Verspannungen hervorrufen, wenn später gehört. Die Details der Szenerie des Unfalles nennt man Restimulatoren.

Die Kraft des Faksimiles kann so groß sein, dass es zu Bandscheibenvorfällen kommt oder wenn andere Bereiche oder Organe des Körpers betroffen sind, dass diese verformt, in ihrer Funktion gestört oder vollständig gehemmt werden. Es muss eine Kraft wirken, wenn etwas mit dem Körper nicht stimmt und diese Kraft kommt aus einem Faksimile! (Hey, lass hier etwas Logik walten. Falsche Ernährung und grobfahrlässiger Umgang mit dem Körper können auch Schäden verursachen.

Eine vollständige medizinische Untersuchung mit Blutbild, Röntgen, Ultraschall und eine Anamnese* werden etwas mehr Licht ins Dunkel bringen – nicht alles ist mental!)

Ebenso wirkt dieses Faksimile auf das Emotionsniveau und auf die intellektuelle Ebene des Menschen ein. Menschen haben Angst, obwohl sie keine Angst zu haben brauchen oder umgekehrt: Dort wo sie Angst haben sollten haben sie keine ... Irrationalität. Aber wie oben erwähnt, steht im Dianetik-Buch, ausführlich, ich kann nicht 500 Seiten auf ein paar Zeilen komprimieren und ein komplettes Konzept wiedergeben. Mit dem Wissen über Restimulatoren kann man Therapien entwickeln, ein Grund warum eine Kur an einem weit entfernten Ort heilsam sein kann. Besser ist es, wenn man die Ladung des Faksimiles erschöpft, so dass diese nicht mehr auf den Körper einwirken kann. Es ist so, dass die feinstoffliche Struktur auf die grobstoffliche Struktur des Körpers nachhaltig einwirkt.

Und um das Ganze noch etwas esoterischer zu gestalten: Es gibt zwei übergeordnete elektrische Felder: Geist und Seele. Geist ist die Person selbst, das Etwas das denkt und fühlt, eine des Bewusstseins bewusste Einheit, die Intelligenz des Menschen. Die Seele wiederum ist der Erschaffer des Organismus. Sie sorgt dafür, dass der Organismus überlebt und erzeugt Gefühle wie Hunger und Liebe - jeder Organismus hat diese Empfindungen. Geist, Seele und Körper sind trennbar. Der Körper wird verfallen, Geist und Seele jedoch werden nach Verlassen des Körpers eigene Wege gehen ... zum nächsten Körper oder auch nicht, wenn man die Power hat aus dem Ganzen auszusteigen.

Krankheiten? Wie viel trägt die Person zu ihrer Krankheit bei? Und wie stark versucht sie durch ihren Niedergang aus dem Leben und aus diesem physikalischen Universum auszusteigen? Sei es nun bewusst oder durch Automatismen die sie nicht mehr unter Kontrolle hat.

Der Sonderfall (deduktiv – induktiv)

Die Adam und Eva–Theorie kennt ihr ja alle. Also dass wir alle miteinander verwandt sind und letztendlich nur einen Vater und eine Mutter haben. Schau dir mal die Protoplasma-Linie* an, in jedem von uns steckt ein Teil der ursprünglichen Zelle dieses Planeten, ein Teil davon, wie die ursprüngliche Zelle gebaut war, wenn nicht die Matrix* der ursprünglichen Zelle selbst. Somit sollten wir alle nach einem bestimmten Muster ticken – zumindest der Körper -, der Mediziner sagt, dass ein Blutdruck von ca. 80/120 normal sei und der Mensch nun mal die Anatomie hat wie er sie hat. So ermittelt nun die Medizin einen Durchschnittswert, um vom Allgemeinfall auf den Einzelfall zu schließen – dies nennt man deduktiv.

Man findet nun „Sonderfälle" beim Menschen. Einige mit großem Körperwuchs, andere mit kleinem, einige leben nur mit einem halben Gehirn und der Körper funktioniert trotzdem – auch nicht geistig eingeschränkt. Es gibt also Fälle, welche ziemlich aus dem „normalen Raster" herausfallen.

So muss es also eine Kraft geben, welche den Körper im Laufe der Evolution verändert hat. Ist man nun in der Lage diese Kraft rückgängig zu machen, so müsste sich der Organismus nach der ursprünglichen Matrix korrigieren. Und ja, die ursprüngliche Matrix hat ein paar Zusätze aufgenommen, es ist wie mit der Entwicklung der Flugzeuge. Im ca. 5. Jhdt. v. Chr. bauten die Chinesen flugfähige Objekte und durch einige Zusätze sind wir heute bei donnernden Strahlflugzeugen angekommen, nur bis dahin, dass die Zunahme von technischen Mitteln das Fliegen immer mehr und mehr kompliziert. Der Vergleich mit der Evolution der ursprünglichen Matrix der Zelle mit der Evolution der Luftfahrt hinkt bis dahin, dass die Zusätze der Matrix durch den Gang und die Erfahrungen der Zeit, Zusätze brachten, die die Zelle an sich bei ihrer normalen Funktion stören – es gibt zu viele davon.

Durch mentale Techniken ist jeder von uns in der Lage eine gedankliche Zeitreise zu machen, man kann den ganzen Protoplasma-Strom hinabreisen bis zur ursprünglichen Entwicklung der Zelle selbst. Es hat sich gezeigt, dass wenn man die Zusätze zur ursprünglichen Matrix entfernt, die Zelle und der Körper optimal zu funktionieren beginnen, Krankheiten lösen sich auf. So kommen wir zur Induktion, man kann vom Einzelfall auf den Allgemeinfall schließen. Jeder Körper hat die ursprüngliche Matrix und die Zeit brachte Zusätze, die den Zustand verschlechterten.

Der Sonderfall? Es gibt ihn nicht!

Ursache und Wirkung - Das Universum, eine Erscheinungsform aus Energie

Grundlagen: Wie aus der Physik bekannt, besteht Materie aus Atomen. Diese Atome bestehen wiederum aus Energie und zwar reine Lichtenergie. Dies bedeutet, dass wenn man Lichtteilchen (Quant) verdichtet, man zu Materie kommt. Interessanterweise besteht ein Gedanke aus der gleichen Energie, wie sie in Materie zu finden ist.

Ursache und Wirkung: In unserer Umgebung können wir Formen beobachten, wie z. B. einen Stuhl. Jemand hatte die Absicht, eine bequeme Sitzgelegenheit zu haben, nahm Holz und machte einen Stuhl daraus. Also war jemand Ursache und erschuf eine Wirkung, sprich den Stuhl – eine physikalische Erscheinungsform.

Somit kommen wir zu folgender Reihenfolge: **Gedanke – Handlung – Produkt.** Man findet auch andere Begebenheiten dieses ‚Ursache-Wirkungs-Prinzips': Wie zum Beispiel einen Stein, der durch ständiges Wassertropfen geformt wird. Somit ist der Stein Wirkung und der Wassertropfen Ursache.

Ein besonderes Augenmerk verdient der lebende Organismus, sei er nun menschlich, tierisch oder pflanzlich. Interessanterweise heilt der Organismus sich wieder, nach dem er verletzt worden ist. Das heißt, wurde seine ursprüngliche Erscheinungsform verändert, so ist der Organismus bestrebt die ursprüngliche Erscheinungsform wieder herzustellen.

Seltsamerweise zeigt der menschliche Organismus ab und zu Erscheinungsformen, die der ursprünglichen abweichen. Der Arzt spricht hier von Krankheiten und erfindet die unmöglichsten Namen: Arthritis, Morbus Crohn, Tumor usw.. Eine Krankheit steht in direktem Widerspruch, dass der Körper ein Bestreben dazu hat, die ursprüngliche Erscheinungsform zu erhalten. Also muss es eine Ursache geben, die diese Wirkung (Krankheit) hervorruft.

Der Mensch ist der Ansicht, dass der Gedanke vom Gehirn käme. Er hat festgestellt, dass es so etwas wie „Hirnströme" gibt, irgendeine Art Energie. Friert man nun das Gehirn ein, fließt keine Energie mehr. Taut man es wieder auf, springt der Apparat nicht mehr an. Der einzige Grund, warum Hirnströme fließen - diese messbare Energie -, ist, dass sich im Kopf ein Wesen befindet, welches diese Energie produziert und durch die Leiterbahnen des Gehirns und den folgenden Nervenkanälen schickt, um damit den Körper zu steuern. Dieses Wesen ist die Person selbst, welcher man einen Namen gibt und welche denkt, fühlt und existiert. Verlässt die Person den Körper, so hat der Körper kein Leben mehr.

„Krankheiten" sind das Produkt der Gedanken der Person. Es sind die Gedanken, die die Person nicht unter ihrer Kontrolle hat. Analog* zu dem, dass der Wassertropfen den Stein verändert, verändert der Gedanke die Materie auf die er einströmt, ein energetisches Prinzip.

An dieser Stelle möchte ich Dr. Masaru zitieren, einen japanischen Wissenschaftler. In einem Versuch wurde Wasser besprochen, Aussage: Adolf Hitler. Das besprochene Wasser wurde eingefroren und unter dem Mikroskop fotografiert. Das gebildete Eiskristall zeigte vollkommene Entropie*, sprich Chaos, kein geordneter Zustand – vergleichsweise wie eine Krebszelle zu einer gesunden Zelle. Sagte man nun ‚Liebe', so bildete das Wasser einen perfekten Kristall, geordneter Zustand und Harmonie. Übrigens besteht der Körper zu 70% aus Wasser! Anmerkung: In der Wiederholung hat der Versuch nicht funktioniert. Es sind nicht die gesprochenen Worte, sondern die Emotion hinter den Worten. Jede Emotion hat eine eigene Wellenlänge und wenn eine Wellenlänge auf einen Körper auftrifft, wird sich der Körper verändern.

Geist über Materie? „Geist", die unberechenbare Variable, die des Menschen fiktive* Gleichheit durcheinander bringt. Geistiges Vermögen ist es, welches den Menschen befähigt Naturgesetze gegeneinander auszuspielen, wie Fallschirme oder Bremsraketen gegen die Schwerkraft. Es gibt immer Faktoren, die den Formeln der Wissenschaft entgegenstehen, die das Gleichheitszeichen zunichte machen.

Solange der Mensch im Rahmen und Gesetzmäßigkeiten eines physikalischen Universums denkt, wird er sich nicht von Materie lösen können, er wird immer mehr zu einem festen Bestandteil, vielleicht zu Materie selbst. Es gibt keine Freiheit für ihn!

Meine Niederschrift als Dianetik–Auditor

Mit der Entdeckung des kleinsten Teilchens machte sich der Mensch schier unendlich große Kräfte zunutze. Es entstanden zwei Richtungen: die Kernphysik und die Dianetik. Die Kraft der Kernphysik ist hinlänglich bekannt, doch was vermag die Dianetik zu tun, welche auf den gleichen Gesetzmäßigkeiten beruht?

Die Dianetik wurde von L. Ron Hubbard entwickelt und bedeutet „durch den Verstand". Allgemein ausgedrückt wird in der Dianetik demonstriert, wie der Verstand auf den Körper einwirkt bzw. der Verstand den Charakter einer Person bestimmt. Der Verstand kann in zwei Einheiten unterteilt werden, der Analytische Verstand welcher analysiert und Berechnungen anstellt; der Reaktive Verstand welcher einfach nur reagiert und aus Faksimiles besteht.

Ich werde hier etwas Terminologie benutzen, also eine Fachsprache, wobei sich der Leser fest im Klaren sein muss, dass Wörter nur der Ersatz für die Sache sind. Fachbegriffe dienen dazu, um die im Fachgebiet verwendeten Dinge zu bezeichnen und jeder Fachbegriff hat eine Definition, die genau die Sache bezeichnet, bzw. erklärt. Fachdefinitionen:

Aberration: [lat. *aberrare*: „abschweifen, abirren"] Abweichung vom logischen Denken.

Analytischer Verstand: Der wache und bewusste Verstand der Person, eigentlich die Person selbst, welche denkt und wahrnimmt. Der Analytische Verstand wertet aus und er kann nur die Gedächtnisaufzeichnung zum Auswerten benutzen, welche nicht durch Schmerz und Bewusstlosigkeit abgesperrt sind.

as-is: Etwas genauso anschauen wie es ist, ohne Lügen oder Verzerren, im selben Moment wird es verschwinden und aufhören zu existieren.

Auditing: (lat. audire = zuhören); die Praktik des Auditierens – wie später beschrieben. Der Auditor auditiert den PC (Definition, siehe unten).

Auditor: Jemand der in der Dianetik ausgebildet ist und die Dianetik anwendet. Auditor heißt eigentlich Zuhörer, also jemand der zuhört.

Basik-Geschehnis: Erstes Geschehnis auf einer Kette von Geschehnissen. Es hält eine Kette von Geschehnissen im Reaktiven Verstand aufrecht.

Clear: Jemand der seinen Reaktiven Verstand nicht mehr hat.

denken: Im Verstand gespeicherte Aufzeichnungen zu neuen Bildern zusammensetzen.

Dianetik-Sitzung [Dianetik aus dem griech. *dia* = durch und *nous* = Seele]: Dort durchlebt die Person ihre Vergangenheit und löst die Energie auf, die ihr Verhalten bestimmt und Krankheiten verursacht. Es ist üblich, dass bei einem „Wieder-Erleben" der Vergangenheit die Person von starken Emotionen geschüttelt wird, weint oder sogar schreit, die Schmerzen der vergangenen Erfahrungen abgeschwächt empfindet. All dies flacht in einer Sitzung ab und die Person ist frei vom Fluch des Gestern, fähig für ein selbstbestimmtes Dasein. Es ist **keine** Hypnose!

Engramm: Eine Gedächtnisaufzeichnung von Schmerz und Bewußtlosigkeit. Grundlegender Baustein des Reaktiven Verstandes, auf dem Engramm bauen alle anderen Geschehnisse auf.

Entheta: enturbuliertes Theta. Die Erscheinungsform von Theta, die den Preclear enturbuliert, sprich durcheinander bringt. Entheta ist die Quelle der menschlichen Krankheiten und Geistesstörung. Entheta befindet sich im Reaktiven Verstand, also in Engrammen, Secondaries und Locks.

enturbuliert: Verwirbelt, durcheinander gebraucht, nicht in geordnetem Zustand.

Faksimiles: geistige Eindrucksbilder wie z. B. Engramme, Locks, Secondaries.

Fall: Jeder hat seinen Fall, der eigene Reaktive Verstand, die eigenen Probleme und Unzulänglichkeiten.

Lock: Eine Zeit in der der PC die Umgebung oder Teile der Umgebung wahrnimmt, die dem Inhalt eines Engrammes oder Secondaries ähnlich sind.

PC: Jemand der mit einem Auditor in Sitzung geht; PC = Preclear, also „vor" Clear, siehe Clear.

Postulat: [lat. *postulatum* = Forderung]; ein Gedanke, eine Idee wie etwas zu sein hat.

pychosomatisch: (psycho = Geist; soma = Körper) bedeutet, dass der Geist auf den Körper einwirkt und diesen krank macht, sprich organische Symptome zeigt. Krankheit aufgrund geistiger Störung.

Reaktiver Verstand: jener Teil des Verstand der die Person unbewusst lenkt und auf den Körper einströmt, Krankheiten verursacht. Der Reaktive Verstand ist ein Knopfdruck-Mechanismus, er arbeitet auf einer Reiz-Reaktionsebene.

restimulieren: das Reaktivieren eines Geschehnisses im Reaktiven Verstand.

R-Faktor: Eine kurze Erklärung um was es geht. R für Realität.

Theta: Die Lebenskraft, die den Körper mit Leben erfüllt.

Scientology: Lehre über das Wissen, oder wissen wie man weiß.

Secondary: Eine Zeit schmerzlicher Emotion, sprich den Verlust von etwas, z. B. den Verlust einer geliebten Person.

Somatik: unangenehme körperliche Wahrnehmung; Schmerzen.

Sonik: Geräusch-Rückruf.

Tonskala: Eine tabellarische Darstellung der Abwärtsspirale des Lebens, ausgehend von voller Lebenskraft und vollem Bewusstsein, über halbe Lebenskraft und

Halbbewusstsein bis hinunter zum Tod. Dargestellt im Buch „Die Wissenschaft des Überlebens".

Zeitspur: (Timetrack) Alle Erfahrungen aus der Vergangenheit des PC.

Ziel der Dianetik ist Entheta in Theta zu verwandeln, um den PC die Tonskala* hinaufzubringen. Das Wort Theta kommt aus dem Griechischen und bedeutet Geist. In der Dianetik wird Theta weiterhin als Grundsubstanz gesehen, aus denen ein Faksimile bzw. der Gedanke besteht. Theta ist also das Denken* selbst. Entheta bedeutet enturbuliertes* Theta, also Theta welches dem denkenden Wesen nicht direkt zur Verfügung steht, es bildet den Reaktiven Verstand. Faksimiles werden genauer spezifiziert in Engramme*, Secondaries* und Locks*, sie bestehen aus Entheta.

Eine einfach zugängliche Erinnerung besteht aus Theta und dient der Person die Probleme und Aufgaben des Daseins zu lösen. Engramme haben per Definition Schmerz und Bewusstlosigkeit. Diese wurden in einem Zustand von Schmerz und Bewusstlosigkeit im Reaktiven Verstand aufgezeichnet und sind der Person als Gedächtnisaufzeichnung nicht zugänglich und können nur in einer Dianetik-Sitzung* erreicht werden. Engramme sind die Quelle menschlicher Qualen und Probleme, es gilt Engramme zu finden und auszulöschen. Die Quelle menschlicher Probleme sind die Erfahrungen/Gedächtnisaufzeichnungen, die dem Menschen bewusst nicht zugänglich sind!

Man schickt den PC nicht ins Licht oder einen Fahrstuhl hoch und runter oder sonst wo hin. Dies sind alles unnötige Zusätze und verkomplizieren einen einfachen physikalischen Vorgang: Die Energie der Geschehnisse zu neutralisieren. Die Person selbst hat die Bilder in den Verstand gesetzt und sie ist auch in der Lage die Bilder wieder zu entfernen! Also, als kurze Zusammenfassung: Traumatische Erfahrungen haben Kraft und beeinflussen die Person. Ziel ist es, die Kraft der traumatischen Erfahrung zu neutralisieren.

Grundlagenbücher von L.Ron Hubbard
Dianetik – Die Entwicklung einer Wissenschaft
Dianetik – Die grundlegende These
Dianetik – Der Leitfaden für den menschlichen Verstand
Anmerkung zu den Vorträgen.
Wissenschaft des Überlebens
Selbstanalyse
Fortgeschrittenes Verfahren & Axiome
Handbuch für Preclears
Vorträge von L.Ron Hubbard
Dianetik – Vorträge und Demonstrationen
Wissenschaft des Überlebens

Spezieller Kurs über die Einschätzung des Menschen

Gedanke, Emotion und Anstrengung

Das Lebenskontinuum

Die Grundlagenbücher und Vorträge sind chronologisch aufeinander aufgebaut. Man wird den nachfolgenden Vortrag oder das nachfolgende Buch nur verstehen, wenn man die vorhergehenden Materialien durchgegangen ist.

Eine Grundvoraussetzung: Mit dem Ausüben mentaler Prozesse bewegt man sich im Bereich der Kommunikation. Es gilt unbedingt einen Kommunikationskurs zu absolvieren, bzw. sich einem Training zu unterziehen, welches genau auf die Erfordernisse beim Auditieren abgestimmt sind. In einer Sitzung die erforderlichen Kommunikationstechniken nicht zu beherrschen bedeutet Schiffbruch zu erleiden! Der entsprechende Kommunikationskurs ist unter anderem im Scientology-Handbuch aufgeführt.

Anmerkung: „Alles ist mental" Zitat aus HCOB* 12. März 1969 Ausgabe II: „Der Körper kann physisch krank sein, und zwar akut (momentan) oder chronisch (fortwährend). Knochenbrüche, eingeklemmte Nerven und Krankheiten, sie alle können unabhängig von irgendeinem mentalen oder geistigen Vorgang bei einem Körper auftreten ... schicken sie ihn wirklich lieber in die nächste Klinik zu einer gründlichen körperlichen Untersuchung, die eine Röntgenuntersuchung von Kopf und Wirbelsäule sowie pathologische Untersuchung einschließt." In diesem Sinne: auch die Medizin kann helfen!

Die Rolle des Auditors

Die Rolle des Auditors ist: die Klappe zu halten, die Klappe zu halten, die Klappe zu halten, die Klappe zu halten ...

Der Auditor dient dazu, den PC durch traumatische Geschehnisse zu führen. Mit traumatisch ist „seelische Verletzung" gemeint. Der Auditor kontrolliert die Sitzung, er beginnt und beendet sie. Der Auditor hält sich an den Auditorenkodex!

Die Rolle des PC's

Dem Auditor in Sitzung alles zu erzählen was er sieht, denkt und fühlt. Ein PC ist dann in Sitzung, wenn er an seinem eigenen Fall interessiert ist und bereit ist zum Auditor zu sprechen.

Einleitung

Was ich hier schreibe sind meine persönlichen Erfahrungen und soll keinesfalls das ordentliche Studium der Dianetik ersetzen.

Meine Niederschrift beinhalten weitreichende Studien. Das Dianetikbuch wurde 1950 geschrieben, die darin beschriebenen Techniken sind weiter entwickelt und vereinfacht worden, was nicht bedeutet, dass die Dianetik in ihrer ursprünglichen Form nicht funktionsfähig wäre – die ursprünglich gemachten Gesetzmäßigkeiten sind die gleichen geblieben und haben sich auch später als wahr erwiesen.

Niederschrift

Nun, der Mensch braucht Hilfe. Jeder Mensch hat seine eigenen Probleme, sei es nun körperlich oder geistig. Einen Menschen vor sich zu haben bedeutet, dass da jemand ist, der körperliche und/oder geistige Probleme hat. Wäre es nicht so, wäre es kein Mensch, sondern ...

Wenn du mit einem Menschen redest, sei dir eines bewusst: es ist wahrscheinlich nicht das mit dem du gerne reden würdest. Der Reaktive Verstand ist immer hellwach!

Mit dianetischen Prozessen kann eine Person nicht nachteilig beeinflusst werden. Kann die Person bestimmte Geschehnisse nicht kontaktieren, zwinge sie nicht dazu. Der Verstand hat einen Schutzmechanismus, und wird nur die Daten/Geschehnisse liefern, die die Person kontaktieren kann.

In der Dianetik geht es um das Ausmerzen von Engrammen, Locks und Secondaries. Um diese zu restimulieren, damit sie in Sitzung angegangen werden können, gibt es folgende Anweisungen zur Standard-Verfahrensweise*:

Engramm: *„Geh zu einer Zeit zurück, als du dich verletzt hast!"*

Sencondary: *„Geh zu einer Zeit zurück, als du traurig warst!"*

Lock: *„Erzähle mir über eine frühere Zeit, als du ... hattest!"*

(Der PC kommt zu dir in einem bestimmten Zustand, z. B. kalte Hände u. Füße, Kopfschmerzen, Magenprobleme usw. Wie im Dianetikbuch beschrieben kommt man über Locks zu den zugrunde liegenden Engrammen. Bearbeitet man diese Locks, verbessert sich der Zustand.)

Mit einem PC in Sitzung zu gehen ist einfach, der Auditor stellt eine Frage und der PC beantwortet die Frage. Bedenke, dass auch du vorbereitet sein musst, wie zum Beispiel:

- einen ruhigen Ort zum Auditieren;
- Telefon und Haustürklingel abgeschaltet;
- eine Decke, falls dem PC kalt ist;
- Taschentücher, der PC wird heulen wie ein Schlosshund beim Durchlaufen schwerer Secondaries;
- ein Schild an der Tür, dass du unter keinen Umständen gestört werden möchtest,
- du selber als Auditor bereit bist für die Sitzung, es kann ein paar Stunden dauern.

Wichtig: Mach die erste Sitzung nicht so lange, maximal 3 Stunden, üblich nur 2 h, auditiere einen über den anderen Tag, sagen wir 4 mal die Woche. Meine PC's berichteten, dass es sehr anstrengend war und sie jetzt müde wären. Sag den PC's, dass sie etwas Vitamin B1 (50 – 100mg) nehmen sollten, vor allem dann, wenn es Alpträume gäbe.

Zuerst überprüft man die Sitzungsvoraussetzungen beim PC:

„In den letzten 24 Stunden Alkohol?" (Falls ja, keine Sitzung)
„In den letzten 3 Tagen, Drogen oder Medikamente?" (Falls ja, keine Sitzung. Bei den Medikamenten gibt es Ausnahmen, wie z. B. die Pille oder Antibiotika, diese beeinflussen nicht die Psyche oder das Empfinden der Person.)
„Genug geschlafen"? (8 Stunden sind ok, weniger, wenn die Person es gewöhnt ist)
„Hungrig, durstig?"
„Unbequeme Kleidung?"
„Stuhl bequem?"
„Ist der Raum ok für dich?"

„Sonst noch etwas was deine Aufmerksamkeit fixiert?", oder: *„Gibt es noch irgendetwas, worüber du dir Sorgen machst?"*

Beispiel: Auto im Halteverbot, oder heißes Bügeleisen auf der Wäsche; Toilettengang. Bedenke, es ist das gegenwärtige Problem, was den PC daran hindert tatsächlich in Sitzung zu sein, und in Sitzung zu sein bedeutet: Bereit zum Auditor zu sprechen, und am eigenen Fall interessiert!

Falls ein gegenwärtiges Problem vorliegt, lass es gegebenenfalls genau erklären und entscheide, ob das Problem jetzt gelöst werden muss, wie z. B. der Gang zur Toilette. Hake nach, ob es tatsächlich kein gegenwärtiges Problem gibt, ob es nicht doch etwas gibt, das die Aufmerksamkeit des PC im Griff zu haben scheint. Falls doch: *„Für welchen Teil dieses Problems könntest du verantwortlich sein?"*

Man kann in diese Sache einsteigen mit: *„Erfinde ein Problem, was schlimmer ist als dieses Problem.",* oder *„Erfinde ein Problem vergleichbarer Größenordnung."*

Manchmal muss man einen Lokalisierungsprozess verwenden, wie: *„Bemerke diese Wand. Bemerke die Decke. Bemerke den Fußboden.",* um den PC ins Auditierzimmer zu bekommen. Wie lange man das gegenwärtige Problem auditiert? Bis der Preclear diesbezüglich nichts mehr unternehmen muss!

Man gibt dem PC einen R-Faktor* um was es geht: *„Wir werden nun Geschehnisse aus deiner Vergangenheit kontaktieren. Es kann sein, dass sich Schmerzen oder Missemotionen einschalten, diese werden aber im Laufe der Sitzung verschwinden. Falls dies geschieht, sag es mir bitte. Sollte sich sonst irgendetwas einschalten oder verändern, teile mir auch dies bitte mit.*

Ich möchte, dass du mir die Bilder beschreibst, die auftauchen werden. Und nicht hingehst und aus bloßer Erinnerung erzählst. Wir werden mehrmals durch die Geschehnisse gehen, und sie damit reduzieren."

Und dies ist auch der wesentliche Punkt, es werden Bilder auftauchen und verschwinden, aber es geht nur um diese Bilder – eigentlich ein dreidimensionaler Film mit allen Wahrnehmungen! In diesen Bildern ist Energie gespeichert und bei mehrmaligen durchgehen werden die Bilder die bei der Person auftauchen verschwinden – sprich, das Geschehnis reduziert sich, Bilder werden undeutlicher und weniger. In dem Maße wie die Bilder bei der Person verschwinden, verschwinden auch ihre Unzulänglichkeiten und Krankheiten! Im Gegenzug hebt sich das emotionale Niveau der Person – sie ist besser drauf!

Faksimiles welche vorher nicht zugänglich waren werden aufgedeckt, die Person kann sich daran erinnern, ihr Gedächtnis wird besser. Das Gedächtnis selbst kann nicht ausgelöscht werden, tatsächlich werden die zuvor abgesperrten und „schädlichen" Erinnerungen vom Reaktiven Verstand in den Analytischen Verstand umgespeichert, wo sie nun abrufbar und unschädlich sind.

Es gibt Gedanken, welche so stark auf die Person einwirken, dass sie ihre Selbstbestimmung verloren hat. Durch Dianetik-Auditing wird diesen Gedanken die Macht genommen und die Person kann wieder sich selbst sein, für sich selbst entscheiden.

Anmerkung: Es gibt Geschehnisse die völlig im Dunkel stattfinden. Hier gibt es Sonik und Somatiken die ausgelaufen werden können.

OBERSTES GEBOT:

DER WEG HINAUS IST DER WEG HINDURCH.

WAS ES EINSCHALTET WIRD ES AUSSCHALTEN!

UND

AUDITOR UND PC SIND STÄRKER ALS DIE REAKTIVE BANK!

Anweisung: *„Dies ist die Sitzung!!!"*

„Schließe bitte die Augen!" (Unbedingt erforderlich!)

„Gehe zu einer Zeit zurück, als du glücklich warst!"

(Dies dient dazu, die Person auf den Timetrack* zu bringen, und ihr etwas Vertrautheit zu geben. Der Auditor erkennt, wie die Person läuft. Ob die Bilder in Farbe sind, eventuell Geruch-Rückruf vorhanden ist, ob sie die Stimmen hört was andere sagen usw.)

„OK, eines gefunden?"

„Gehe zum Beginn dieses Geschehnisses!"

„Gehe durch das Geschehnis durch und erzähle mir was du siehst?"

(Der Auditor hört nur zu und bestätigt, was die Person erzählt. Stockt der PC kann der Auditor fragen: *„Wie sieht ... aus?"*, *„Was sagt ...?"*, *„Was hast du an?"* usw. und *„Wie geht es weiter?"*. Der Auditor sagt so wenig wie möglich und so viel wie nötig um den PC auf der Zeitspur zu bewegen.)

„Gehe zu einem früher ähnlichen Geschehnis!"

„OK, eines gefunden?"

„Gehe zum Beginn dieses Geschehnisses!"

„Gehe durch das Geschehnis durch und erzähle mir was du siehst?"

anschließend

„Gehe zum frühesten Geschehnis, dass du kontaktieren kannst, als du glücklich

warst!" (Geschehnis wie gehabt durchlaufen.)

Darauf achten, dass der PC in der Jetzt-Form erzählt und auftauchende Bilder, Empfindungen beschreibt. Aus bloßer Erinnerung zu erzählen bedeutet, dass der PC nicht auf der Zeitspur ist. Sich nicht auf der Zeitspur zu bewegen bedeutet kein Auditing. Bringe den PC auf die Zeitspur, frage: „Rufe dir ein Geschehnis zurück, das dir wirklich real ist." Sollte der PC nicht auf die Zeitspur kommen, kann man noch immer die Listen im Selbstanaylse-Buch laufen, solange bis sich der PC auf der Zeitspur bewegt. Ich hab mal versucht einen PC auf körperlichen Schmerz und schmerzliche Emotion zu auditieren, obwohl sie offensichtlich nicht auf dem Timetrack war. Ich rief sie tags darauf an, um in Erfahrung zu bringen wie es ihr ginge. Ihr taten alle Knochen weh und es waren die Geschehnisse, die sie aus der Erinnerung heraus in Sitzung erzählte. Nun, die Ladung der Geschehnisse wurde aktiviert aber nicht reduziert oder ausgelöscht.

Nachdem ein paar Geschehnisse dieser Art durchlaufen sind, laufe Secondaries: *„Gehe zu einer Zeit zurück, als du traurig warst!"*

Hat der PC Mühe ein Geschehnis zu finden, wiederhole die Anweisung und lass ihm etwas Zeit. Das Geschehnis wird sich entwickeln, und der PC wird in der Regel heulen wie ein Schlosshund, er wird traurig sein – denk an die Taschentücher.

Secondaries sind die Geschehnisse, welche am meisten Entheta beinhalten. Es ist wichtig, dass der PC in Sitzung die Emotion der Traurigkeit durchlebt, sie nicht zu durchleben bedeutet, dass sich die Missemotion nicht abbaut, dass sich also das Entheta nicht in Theta umwandelt. Sollte der PC in Sitzung Schwierigkeiten mit dem Freisetzen der Emotion haben, liegt es entweder daran, dass sie durch ein Engramm abgesperrt ist, oder dass der PC im Allgemeinen ein Problem mit Emotionen hat – siehe dazu Artikel „Emotion". Frage den PC ob irgendwann einmal jemand zu ihm gesagt hat, er dürfe nicht weinen oder Emotionen sind schlecht. Lass ihn das Schriftstück „Emotion" lesen und unterhalte dich mit ihm darüber. Jeder hat Emotionen und man braucht sich ihrer nicht zu schämen!

„OK, eines gefunden?"

„Gehe zum Beginn dieses Geschehnisses!"

„Gehe durch das Geschehnis durch und erzähle mir was du siehst?"

Verschwindet das Geschehnis nicht, oder lässt sich nicht reduzieren:

„Gibt es einen früheren Beginn zu diesem Geschehnis?"

Oder, wenn kein früherer Beginn:

„Gibt es ein früher ähnliches Geschehnis?"

Wie schon erwähnt, es kann sein, dass es eine Weile braucht, bis sich das Geschehnis entwickelt, falls es nur in Bruchstücken auftritt, wird es sich bei mehrmaligem Durchgehen vollends entwickeln.

Wichtig ist, so weit in der Zeit zurückzugehen wie möglich, da sich dort das

Basik-Geschehnis befindet, an dem sich alle anderen Geschehnisse anreihen und auch von diesem ihre Energie beziehen.

Auf die obige Weise werden auch Engramme behandelt, es ist die Standard-Verfahrensweise! Anweisung zum Laufen von Engrammen:

„Geh zu einer Zeit zurück, als du dich verletzt hast!"

Die Standard-Verfahrensweise besagt auch, dass man beim Laufen von Engrammen von früh nach spät geht, was bedeutet, dass man bei der Empfängnis beginnt und sich zur Gegenwart hinauf arbeitet.

Befindet sich der PC in der vorgeburtlichen Zone oder, kann nichts um sich herum wahrnehmen, lautet die Anweisung: *„Finde einen körperlichen Schmerz."* Nun werden mit Sicherheit „Aktionssätze" vom PC geäußert, wie *„Ich kann nicht", „Ich stecke fest", „Ich kann mich nicht bewegen", „Lass nach",* usw. Der Auditor lässt den PC genau den geäußerten Satz wiederholen. Die Wiederholung dieses Satzes saugt den PC zu dem Geschehnis und es kann gelaufen werden – siehe Wiederholungs-technik im Dianetikbuch. Hat der PC einen körperlichen Schmerz gefunden, läuft man die Standard-Verfahrensweise, beginnend mit:

„Gehe zum Beginn dieses Geschehnisses!" usw., siehe oben.

Der Auditor hört auf keinen Fall auf, wenn der PC inmitten der vorgeburtlichen Zone oder beim Laufen eines Engramms sagt, er solle aufhören, unter keinen Umständen!!! Natürlich kann man dem PC nicht die Pistole auf die Brust setzen oder ihn einsperren, dies wäre Freiheitsberaubung und ist strafbar. Die Betonung der obigen Zeilen liegt auf der Wichtigkeit: Dem PC wird es schlecht ergehen, wenn er inmitten eines Engramms aufhören will. Man sollte ihn mit Engelszungen darum bitten weiterzumachen, um seinetwillen und wegen eines guten Verlaufs der Therapie.

Engramme sind der Grundstein des Reaktiven Verstandes. Es gilt vor allem diese zu löschen. Du suchst tatsächlich nach einer Zeit die Verletzung beinhaltet. Du reduzierst diese oder löschst sie aus. Ich ging in der Regel 4 - 7-mal durch ein Geschehnis durch - egal ob Engramm oder Secondary. Also bis fast alle Bilder gelöscht waren – dies kann allerdings auch wesentlich mehr sein als 4 - 7 Wiederholungen, ich hörte schon von 20 bis der PC befreit lachte, was das Anzeichen der Auslöschung ist.

Man wird feststellen, dass der PC nach dem Durchlaufen von ein paar Geschehnissen, beginnt schneller zu werden. Er as-ised* die Ladung von Facsimiles schneller, sein geistiger Motor kommt auf Drehzahl.

Fühlte sich der PC schlechter, oder das Geschehnis ließ sich nicht reduzieren oder auslöschen, dann gibt es einen früheren Beginn, oder ein früher ähnliches Geschehnis. Hat man das früheste Geschehnis der Kette gefunden und es ausgelöscht, so läuft man die späteren Geschehnisse auch aus, eines nach dem anderen. Und sie lassen sich dann schnell und leicht auslöschen.

Beispiel: PC hat Arthritis im rechten Ellbogen. Der Auditor fragt in Sitzung, ob er sich irgendwann einmal am rechten Ellbogen verletzt hat. Der PC wird sagen: *„Ja, letzte Woche an der Tischkante gestoßen."* Auditor: *„Gehe zum Beginn dieses Geschehnisses! Gehe durch das Geschehnis durch und erzähle mir was du siehst?"* Der Auditor lässt den PC ein paar Mal das Geschehnis durchlaufen und fragte dann nach einem früher ähnlichen Geschehnis. PC: *„Ja, Unfall mit dem Moped als ich 16 alt war."*

Dies wird nun wieder mit der Standard-Verfahrensweise durchlaufen. Es werden sich Schmerzen am rechten Ellbogen entwickeln – das Engramm ist restimuliert, treten keine Schmerzen auf, so ist entweder der Schmerz abgesperrt oder der PC läuft nicht wirklich das Geschehnis, oder der PC nimmt starke Drogen oder Medikamente.

Das Geschehnis wird nur dann gelöscht werden können, wenn der PC das Erfahrene wiedererlebt und dies waren Schmerzen. Auf dem Weg zum ersten Geschehnis kann man vielleicht hören, wie der PC von seiner Geburt erzählt, und dass es eine schwere Geburt war, bei dem das Kind in einer Haltung geboren wurde, dass der Arm über dem Kopf war und sich das Gelenk ausgekugelt hat. Oder er erzählt von vergangenen Leben, dass ihm der Unterarm bei einem Seegefecht von einer Kanonenkugel abgerissen wurde oder dass er vor 100.000 Jahren mit seinem Raumschiff in ein Asteroidenfeld geriet und dort zu Tode kam – Zeit und Ort spielen keine Rolle! Geschehnisse liegen in Ketten vor, in chronologischer Reihenfolge.

In Sitzung wird der PC Dinge erzählen, welche völlig konträr zur derzeitigen Sichtweise der Wissenschaft stehen und doch wird vieles davon von PC zu PC gleich sein, unabhängig davon ob sich die Personen gegenseitig kennen und ob es nun ein Amerikaner, Deutscher oder Chinese ist.

Geschehnisse werden der schwere nach angeboten – bedenke des Ladungspotentials -, es wird kein Geschehnis angeboten, welches der PC aufgrund seines freien Thetas nicht laufen kann. Kann er ein schweres Engramm in der Vergangenheit jetzt nicht laufen, so wird er es laufen können, wenn ein paar andere Geschehnisse gelaufen wurden – der PC hat mehr freies Theta, mehr Energie zur Verfügung, um sich der Energie des Geschehnisses entgegenzustellen, es ist ein Verhältnis von Kraft!

Und: Niemals Geschehnisse des PC abwerten, egal was er erzählt! Geschehnisse oder den Fall des PC abzuwerten bedeutet, dass er sich nicht mehr auditieren lässt!

Frage am Ende einer Engramm-Kette nach dem Postulat:

„Gibt es irgend eine Idee oder Gedanke zu diesem Geschehnis?"

Wenn diese Frage entsprechend beantwortet ist, ist der Grund beseitigt, warum der Person dies überhaupt widerfahren ist: das Postulat. Eine Bekannte von mir hatte folgende Idee im Kopf: „Nur alte Leute bekommen Gürtelrose." Ihr 50er Geburtstag stand an und sie bekam den Gedanken, dass sie nun alt werde ... und sie bekam Gürtelrose!

Man läuft solange Secondaries wie man welche findet: findet man keine Secondaries mehr, läuft man Engramme. Findet man keine Engramme mehr, läuft man Secondaries. Secondaries überlagern Engramme und Engramme können Secondaries absperren. Secondaries läuft man von der Gegenwart in Richtung Vergangenheit. Engramme läuft man vom frühesten Zeitpunkt (per Dianetikbuch die Empfängnis) in die Gegenwart.

Aber: Man läuft auf jeden Fall nur die Geschehnisse, die angeboten werden. Der Auditor läuft niemals Geschehnisse, welche er denkt, die gelaufen werden müssten, er läuft nur das, was durch die obigen Fragen angeboten wird!!!

Ist das Zeitlimit für die Sitzung erschöpft und der PC in gutem Zustand:
„Öffne bitte die Augen!"
„Alles klar bei dir, oder gibt es noch irgendwelches Unbehagen?"

Der Person wird es am Ende der Sitzung gut gehen und sie wird sich in einem heiteren Zustand befinden. Gibt es noch irgendwelche Somatiken oder Missemotionen, dann befindet sich ein Geschehnis weiterhin in Restimulation. Finde das Geschehnis und lösche oder reduziere es. Übrigens wird ein Engramm nach etwa 2-3 Wochen in der Regel von selbst auskeyen – sprich, in seiner Wirkung nachlassen.

Mach mit dem PC etwas *„Schau auf ...!"* Mit diesem Prozess bringst du den PC mehr in die Gegenwart und er wird sich noch besser fühlen. Der PC wird aufgefordert auf den Stuhl, den Tisch, die Decke, die Wand usw. kurz zu schauen. Laufe diesen Prozess ein paar Minuten.

Frage dann: *„Wie geht's?"* Ist alles ok: *„Ende der Sitzung!"* (Man gibt immer Anfang und Ende der Sitzung bekannt!)

Noch ein paar Tips:
Du kannst den PC nach dem Start der Sitzung, bevor er die Augen schließt, restimulieren. Das heißt, ihn darauf vorbereiten, dass ein bestimmter Teil seines Reaktiven Verstandes bearbeitet wird.

Wenn es zum Beispiel darum geht, eine ganz bestimmte Sache in Angriff zu nehmen. Lass ihn darüber erzählen:
„Erzähle mir etwas über ...?"
„Wie würdest du diese Sache in einfachen Worten benennen?"
„Ok, gehe zu einer Zeit zurück als ...!"
Dies wird dann wie gehabt behandelt, inklusive früher ähnlich!

Den PC zur Empfängnis/Geburt schicken:
„Rufe dir eine Zeit zurück als du Sex hattest!" (Der PC braucht darüber nichts zu

erzählen, er muss aber ein Geschehnis finden!)

„Hast du?"

„Gehe durch das Geschehnis hindurch!"

„Ok?"

„Gehe zurück zu der (Empfängnis/Geburt)!"

Du musst hier dran bleiben, dies zu entwickeln braucht seine Zeit, und der PC sollte zuvor schon ein paar Sitzungen gehabt haben – explosives Material! Es ist zu empfehlen, die Empfängnis als erstes anzugehen, diese lässt sich leichter heben als die Geburt, weil die Geburt später kommt.

Und, wichtig: Die Person wird dir die Geschehnisse anbieten, die zu laufen sind, man zwingt die Person nie dazu ein Geschehnis zu laufen, von dem der Auditor denkt, dass dies zu laufen wäre.

Vorsicht: Ist der PC dabei ein Geschehnis zu laufen und schreit oder sagt jämmerlich: „Ich kann nicht oder ich will nicht.", „Ich will hier raus.", so sollte der Auditor feststellen, dass dies engrammatisch bedingt ist, es gilt: DER WEG HINAUS IST DER WEG HINDURCH!"

Haltung des Auditors beim Auditieren: Werde nie nachsichtig oder bekomme Mitleid, nie! Man kann sich beim Durchlaufen von Geschehnissen einfühlsam zeigen und sich in etwa der Tonstufe des PC anpassen, was sich als hilfreich zeigt. Man sollte jedoch zusehen, dass man den PC durch die Geschehnisse bringt und ständiges Interesse an den Tag legt. Einige PCs dürstet es nach Aufmerksamkeit und sie werden durch ständiges Mitleid vom Auditor dazu bestärkt, was dazu führt, dass unnötig lange an Gram-Erlebnissen herumgekaut wird.

Der Auditor auditiert nicht überheblich oder herausfordernd, sollte aber den PC motivieren wenn er aufgeben will.

L. Ron Hubbard schreibt in „A History of Men": „Jede Zeit die mit dem Auditieren des gegenwärtigen Lebens verbracht wird, ist verschwendete Zeit. Die wichtigen Geschehnisse liegen früher." Dazu gibt's nun folgendes: Falls es dem PC schwerfällt in vergangene Leben einzutauchen, laufe mit ihm „Illusions-Prozesse": *„Stelle dir ein vergangenes Leben vor!"* oder *„Was denkst du, was du in der Vergangenheit, vor diesem Leben gewesen bist?"* Laufe diesen Prozess eine Zeitlang. Die Zeitspur wird sich öffnen.

Der Maßstab, ob ein Geschehnis wahr ist oder nicht, stellst du daran fest, ob das Geschehnis bei mehrmaligem Durchgehen relativ gleich bleibt, und wenn sich Somatiken und Missemotionen entwickeln und sich reduzieren oder auslöschen lassen. Auch hier gilt: Standard-Redeablauf und früher ähnlich!

Geschehnis will sich partout nicht löschen lassen? Frag, ob er mal so etwas getan hat. Laufe dieses Geschehnis nach der Standard-Verfahrensweise. Anschließend lässt sich das Engramm löschen. Man wird einen Zusammenhang finden zwischen den Dingen die dem PC widerfahren sind und die Dinge die er getan hat ... ausgleichende Gerechtigkeit, der Buddhist spricht von Karma*.

Anstrengungs-Prozessing Buch „Fortgeschrittene Verfahren und Axiome" Seite 57: Der Auditor erachtet es bei einem abgesperrten Fall vielleicht als notwendig, den Fall zu öffnen, indem er Anstrengungs-Prozessing auditiert. Er schaut sich seinen Preclear an, um eine offensichtliche körperliche Aberration zu entdecken. Diese wird von einer Gegen-Anstrengung an dieser Stelle gehalten. Der Auditor fragt einfach: „Wenn dein (Kopf) gestoßen würde, in welche Richtung würde er sich bewegen?" (Oder ein Bein oder irgendein deformierter Bereich.) Die Gegen-Anstrengung befindet sich genau dort und wartet. Der Preclear antwortet mit einer Richtung. Der Auditor fordert dann den Preclear auf, zu fühlen, wie sich sein (Kopf) gegen die Gegen-Anstrengung bewegt. Ein Somatik wird sich einschalten. Der Auditor macht einfach damit weiter, nach den verschiedenen Anstrengungen und Gegen-Anstrengungen zu fragen. Es ist ziemlich gewöhnlich, dass Wahrnehmungen aus der Anstrengung zum Vorschein kommen. Ein ganzes Geschehnis kann in Sicht kommen. Dies ist das schwere Faksimile und auch das chronische Faksimile. Es ist auch ein Service-Faksimile*. Der Preclear wird nicht auf seiner Zeitspur umhergeschickt. Er ist genau da, im schweren Faksimile.

Das so aufgedeckte Faksimile wird auditiert, bis seine Emotion wiedergefunden werden kann. Diese werden ausauditiert, bis die Postulate* erscheinen, und diese werden dann abgeschwächt. Die eigenen Gedanken und Postulate des Preclears sind die Quelle der Aberration, sie halten den Reaktiven Verstand aufrecht. Was ihm gesagt wird, ist einfach Bewertung, die ihn gelegentlich zum Postulieren veranlasst.

DER AUDITOR MUSS SICH WEDER GEDANKEN DARÜBER MACHEN, WAS GESAGT WIRD, NOCH ÜBER WIEDERHOLUNGSTECHNIK ODER ÜBER WAHRNEHMUNGEN - NUR, DASS DIESE ZU EINEM GERINGEN GRADE DABEI HELFEN KÖNNEN, DIE EMOTION WIEDERZUFINDEN.

Havingness

Der Begriff „Havingness" steht für die Empfindung etwas haben zu können.

Es kann sein, dass sich der PC festfährt oder dass er beginnt sich schlechter zu fühlen. Besitztum ist die Grundlage für eine Existenz in einem physikalischen Universum – der PC unterliegt als Körper dem Zwang etwas zu besitzen, was die allgemeine Gier nach Besitz und Reichtum erklärt. Wenn man nichts hat, ist man nicht in der Lage einen Körper zu umsorgen.

Ist dem PC etwas genommen worden, so wird er ein Gefühl des Verlustes empfinden. Ebenso wenn man seine ganze Engrammbank ausräumt, sprich die Engramme auslöscht – es ist ein Verlust an Havingness.

Havingness wird rehabilitiert, indem man dem PC das Gefühl gibt haben zu können. Dies wird durch das Laufen der Listen im Buch Selbstanalyse erreicht, allerdings mit dem Präfix „Stelle dir vor …" anstatt „Rufe dir eine Zeit zurück als …" oder mit der Anweisung: „Finde etwas in diesem Raum, was du haben kannst." Stellt der PC für sich selbst fest, dass er Dinge erschaffen kann und sei es nur im Geiste, so wird er mehr in der Lage sein, seine Engramme loszulassen. So wird auch seine Havingness im Leben ausbalanciert.

Verantwortung und Schuldgefühle: Der PC mag herausfinden, dass er in der Vergangenheit Schlimmes getan hat. Nun, die Vergangenheit ist vergangen und der Mensch kann hier und jetzt ein besserer Mensch sein, er kann sich vom zwanghaften Verhalten befreien.

Schuldgefühle sind wichtig? Nun, ich weiß nicht aus welchem menschenverachtendem geistigem Morast solche Ideen entspringen. Schuldgefühle halten den Menschen davon ab etwas zu tun, aber es ist nur das Tun, welches den Menschen bestehen lässt! Ein intelligentes Wesen ist entweder klug genug keine Fehler zu machen oder zumindest aus seinen Fehlern zu lernen.

Hier das Szenario: Unser rechtschaffener, sehr religiöser Ingenieur baut eine Brücke und sie stürzt ein, begräbt 200 Menschen unter sich. Der Ingenieur grämt sich in Schuldgefühlen und versucht diese durch Alkohol zu ertränken. Er hört auf zu arbeiten, seine Firma mit 20 Angestellten geht zu Grunde, Frau und Kind verlassen ihn. Nun, die Brücke wurde sorgfältig nach neustem Stand der Technik konstruiert, bester Stahl aus einem angesehenen Stahlwerk verwendet. Nur war es so, dass die beauftrage Firma die Bodenproben fürs Fundament vermasselt hatte, es zu unerwarteten Spannungen in der Brücke kam und diese dadurch einstürzte. Unser Ingenieur mit seinem hohen Anspruch an Moral und Gott nimmt alle Schuld auf sich und säuft sich zu Tode. Wem hat dieses Schuldgefühl tatsächlich geholfen? Schuldgefühle dienen dazu den Menschen klein zu machen, ihn davon abzuhalten etwas zu tun – Richter und Religionen tun so etwas!

Das Schuldgefühl selbst ist wiederum nur ein Energieimpuls, der sich auflösen lässt.

Nachwort

Denyer*, Bouncer* usw, wie in „Dianetik – Der Leitfaden für den menschlichen Verstand" beschrieben, werden in der späteren Dianetik insofern nicht beachtet, dass wenn der PC vom Timetrack „herunter" ist, er einfach wieder an den Beginn des gerade gelaufenen Geschehnisses zurückgeschickt wird. „Gehe zurück zum Beginn des gerade gelaufenen Geschehnisses!" Und weiter geht es mit dem Standard-Verfahren.

Wie schon erwähnt, Dianetik ist ein umfangreiches Fachgebiet. Jeder Fallaspekt ist darin gehandhabt. Es gibt viel zu tun, wenn man Profi werden will, aber es lohnt sich, es ist ein Weg sich von traumatischen Erfahrungen zu befreien. Diese Kurzschrift ist kein Ersatz für ein reguläres Studium, sie soll nur zur losen Orientierung dienen.

Noch ein Wort zum großen Bruder der Dianetik, die Scientology. Nun, die Scientology ist durch die Presse richtig durch den Kakao gezogen worden, und wo man hin hört, hört man nur Schlechtes! Geht man aber hin und hinterfragt den Kritiker, was genau in der Scientology getan wird, wird man feststellen, dass er keine Ahnung hat und nur die Informationen der Medien wiedergibt, selbst kein Buch darüber gelesen hat und es nie wirklich ausprobiert hat.

Scientology-Kirche ist nicht Scientology! Bei genauere Untersuchung der Informationen der Medien wird man feststellen, dass tatsächlich immer von der Scientology-Kirche die Rede ist, aber nicht vom Fachgebiet Scientology. Mittlerweile gibt es andere Initiativen die mit dem Wissen L. Ron Hubbards, sprich mit der Scientology Lehre arbeiten, wie z. B. die Freie Zone, Die Freien Scientologen oder Ron's Org.

Ein Scientologe definiert sich wie folgt: Jemand der seinen eigenen Zustand sowie den Zustand anderer durch Scientology Technologie verbessert. Du bist also dann oder in dem Maße Scientologe, wie du das Wissen anwendest, was nicht bedeutet, dass man einer der obigen Organisationen angehört. Wenn man ein Scientology-Buch gelesen hat ist man nicht zwangsläufig Scientologe oder deren Ideologie verschrieben - basta!

Psychometrisches Auditing. Es kursieren haufenweise falsche Daten über das E-Meter, wie in Wikipedia, Ingo Heineman oder im Besonderen von den Autoritäten, den „Gebildeten" die sich ihre Meinung haben bilden lassen und noch nie Umgang mit dem E-Meter gehabt haben. Das E-Meter misst genauso wenig den Hautwiderstand wie der Elektrokardiograph der die elektrischen Aktivitäten der Herzmuskulatur misst (EKG) oder der Elektro-Enzephalograph (EEG) welcher die elektrischen Aktivitäten des Gehirns misst.

Der PC hält in jeder Hand eine Dose (Kathode) die mit einem Kabel mit dem E-Meter verbunden ist. Das E-Meter sendet einen Strom von einem Volt durch den Körper des PC und misst den elektrischen Widerstand der Faksimiles – wie wir ja wissen, hat ein Gedanke Ladungspotential. Das E-Meter arbeitet nach dem gleichen Prinzip wie eine Wheatstone-Brücke*. Man kann also mit dem E-Meter weder Gedanken lesen noch ist es ein Lügendetektor. Es dient dem Auditor lediglich zum Auffinden seelischer Qual.

Es gibt 16 verschiedene Nadelreaktionen die man an der Anzeigenadel des E-Meters beim auditieren des PCs ablesen kann. Jede Nadelreaktion hat ihre eigene Charakteristik und deutet auf ein bestimmtes Geschehnis hin. Der ausgebildete

Auditor weiß damit umzugehen. Die Ausbildung zum Auditor ist eine strenge und gründliche Ausbildung. Sie beinhaltet anteilmäßig Theorie und Praxis.

Der Auditor hat nicht nur fundiertes Verstehen über sein Fachgebiet, sondern verfügt über Grundlagen angrenzender Wissensgebiete und ist sich über die Bedeutung der damit einhergehenden Worte die ausserhalb der fachlichen Termini* stehen, sehr bewusst. Das Fachgebiet ist recht umfangreich mit mehr als 3.000 Vorträgen und hunderten von Büchern. Innerhalb der Scientology Kirche herrscht ein hoher Grad an Qualitätssicherung, es wird ständig darauf geachtet, dass die Technologie richtig angewendet wird und die Ergebnisse erzielt werden, die anhand der Technologie erzielt werden sollen - keiner möchte ein Versagen!

Was tut die Scientology? Das Fachgebiet der Scientology beschäftigt sich mit der Person selber, im Gegensatz zur Dianetik, in der es hauptsächlich um Faksimiles geht. Die Person selber denkt den Gedanken und bewegt Faksimiles. In der Dianetik wird der PC von den schädlichen Einflüssen der Faksimiles befreit. Durch Scientology wird die Person befähigt für sich selbst existieren zu können, mit all den Fähigkeiten und der Kraft die man dazu braucht. Ich spreche hier von der Person, dem Wesen und nicht dem Körper. Die Person ist nicht ihr Körper und unsterblich, sie ist der Geist. Scientology rehabilitiert die Person als geistiges Wesen mit all seinen Fähigkeiten.

Bedenke: Der Weg hinaus ist der Weg hindurch; Was es einschaltet wird es ausschalten! und Auditor und PC sind stärker als die Reaktive Bank!

Somit: Weidmanns heil!

Wolfgang Fries

PS: Wie L. Ron Hubbard schon sagte, man solle sich nicht im Gebiet der Heilung tätig sehen. In Dianetik/Scientology geht es darum den Menschen fähiger zu machen, fähig eine Krankheit zum verschwinden zu bringen oder auch fähig eine Krankheit zu erschaffen, das heißt, wenn jemand krank sein will, dann kann er dies sein. Ich meine, du wirst in dieser Welt in ein Hamsterrad gezwungen, du sollst immer deine Arbeit verrichten, ob du willst oder nicht. Wenn du zu deinem Chef sagen würdest, dass du heute nicht zur Arbeit kämst, weil du keine Lust hast, dann hättest du wahrscheinlich die längste Zeit dort gearbeitet, wohingegen wenn du krank bist, du zuhause bleiben darfst! Krankheit kann also unter Umständen ein Mittel sein, sich von einem Bereich zu entfernen.

Sich in das Gebiet der körperlichen Therapie zu begeben bringt Ungemach. Dieser Bereich ist den staatlichen anerkannten Therapeuten zugesprochen und diese werden mit Klagen nicht zögern, um ihr Ressort zu verteidigen. Also, sei clever!

Der Auditorenkodex

Der Auditorenkodex wurde aus Erfahrung entwickelt! Er dient dem Auditor sowie dem PC bestmögliche Resultate zu erzielen. Den Auditorenkodex nicht zu befolgen bedeutet Schiffbruch zu erleiden!

Hiermit verspreche ich als Auditor den Auditorenkodex (B01) zu befolgen.

1. Ich verspreche, in der Sitzung nicht für den Preclear zu bewerten oder ihm zu sagen, was er über seinen Fall denken soll.
2. Ich verspreche, den Fall des Preclears oder seine Gewinne weder innerhalb noch außerhalb der Sitzung abzuwerten.
3. Ich verspreche, einen Preclear nur per Standard-Verfahrensweise zu auditieren.
4. Ich verspreche, alle einmal getroffenen Auditing-Verabredungen einzuhalten.
5. Ich verspreche, keinen Preclear zu auditieren, der nicht genug Schlaf hatte und der körperlich müde ist.
6. Ich verspreche, keinen Preclear zu auditieren, der unzureichend ernährt oder hungrig ist.
7. Ich verspreche, keinen häufigen Wechsel von Auditoren zuzulassen.
8. Ich verspreche, mit einem Preclear kein Mitleid zu haben, sondern wirksam zu sein.
9. Ich verspreche, den Preclear eine Sitzung nicht aus seiner eigenen Bestimmung heraus beenden zu lassen, sondern die Zyklen die ich begonnen habe, abzuschließen.
10. Ich verspreche, in der Sitzung niemals von einem Preclear wegzugehen.
11. Ich verspreche, in der Sitzung niemals mit einem Preclear böse zu werden.
12. Ich verspreche, jede größere Fallaktion zu Ende zu auditieren, das Engramm oder die Engramm-Kette auszulöschen mit sehr guten Indikatoren* beim PC.
13. Ich verspreche, keine einzige Aktion jemals über die Auslöschung hinaus zu auditieren.
14. Ich verspreche, dem Preclear in der Sitzung Seinheit* zu gewähren.
15. Ich verspreche, die Prozesse des Fachgebietes zu schützen, Dianetik nicht mit anderen Praktiken zu vermischen es sei denn, der Preclear ist körperlich krank und nur medizinische Mittel werden helfen.
16. Ich verspreche, in der Sitzung mit dem Preclear Kommunikation aufrechtzuerhalten und seine Kommunikation nicht abzuschneiden.*
17. Ich verspreche, in eine Sitzung keine Kommentare, Äußerungen oder Störungen hineinzubringen, die einen Preclear von seinem Fall ablenken.
18. Ich verspreche, damit fortzufahren, dem Preclear die Prozess- oder Auditinganweisung zu geben, wenn dies in der Sitzung nötig ist.
19. Ich verspreche, einen Preclear keine falsch verstandene Anweisung ausführen zu lassen.

20. Ich verspreche, in der Sitzung keine Erklärungen, Rechtfertigungen oder Entschuldigungen für irgendwelche Auditorenfehler abzugeben, seien es nun tatsächliche oder eingebildete.
21. Ich verspreche, den gegenwärtigen Fallzustand eines Preclears nur anhand von technischen Daten des Fachgebietes einzuschätzen und davon nicht aufgrund irgendeines eingebildeten Unterschieds im Fall abzuweichen.
22. Ich verspreche, die Geheimnisse eines Preclears, die in der Sitzung enthüllt wurden, niemals für Bestrafung oder persönlichen Gewinn zu verwenden.
23. Ich verspreche, niemals Worksheets* von Sitzungen zu verfälschen.
24. Ich verspreche, Gelder zurückzuerstatten*, wenn der Preclear nicht zufriedengestellt ist wobei die einzige Bedingung ist, dass dieser nicht wieder auditiert oder ausgebildet werden darf.
25. Ich verspreche, die Dianetik nicht zur Heilung von Krankheit oder zur Behandlung von Geisteskrankheit zu empfehlen, da ich mir vollständig bewusst bin, dass diese für geistigen Gewinn bestimmt waren.
26. Ich verspreche, die ethische Verwendung und Ausübung dieses Fachgebietes zu schützen.
27. Ich verspreche, es nicht zuzulassen, dass irgendein Wesen im Namen „geistiger Behandlung" körperlich verletzt, gewaltsam geschädigt, operiert oder getötet wird.
28. Ich verspreche, keine sexuellen Freiheiten oder sexuellen Missbrauch von Patienten zuzulassen.
29. Ich verspreche, es nicht zuzulassen, dass irgendein geisteskrankes Wesen in die Reihen der Praktizierenden aufgenommen wird.

* Punkt 16. Hier sollte der Auditor unterscheiden können, ob der PC zwanghaft redet und nicht mehr zu stoppen ist, oder kontrolliert ein Geschehnis durchläuft. Ziel des Auditors ist es den PC durch die Engrammbank zu steuern und nicht durch endloses Geplapper daran gehindert zu werden.

* Punkt 24: Die Bezahlung soll im Voraus erfolgen. Ein Intensiv sind 12,5 Stunden. Der PC bezahlt immer für Intensive, auf mehrere Intensive kann man einen Rabatt anrechnen, z. B. für 2 Intensive 20%, 5 Intensive 25% Rabatt. Sind Intensive aufgebraucht, kann man zum Abschließen einer Aktion auch halbe Intensive anbieten. Nicht aufgebrauchtes Geld kann auch zum Bezahlen von Ausbildung aufgewendet werden. In Anspruch genommene Zeit wird bezahlt.

Schlusswort - Die Zukunft

Der Mensch bewegt sich auf einer abwärtsführenden Spirale, sein mentaler und körperlicher Zustand verschlechtern sich. Jegliche Bemühungen den Menschen zu verbessern schlugen fehl, sei es durch Ausbildung oder im geistigen-seelischen Bereich durch Psychologie/Psychiatrie oder Religion. Stabile Werte wodurch man seinen Mitmenschen vertrauen könnte gibt es keine – Recht ist zu Willkür geworden und Politik zum Chaos.

Die Zukunft liegt in unseren Händen und es hängt von uns ab, wie das Morgen aussehen wird, wie wir das Morgen erleben. Die Zukunft liegt in den Händen von Auditoren, wie diese auditieren und ausbilden, um somit den Menschen in eine von Vernunft geprägte Zukunft zu führen.

Glossar

Aberration: [lat. *aberrare*: „abschweifen, abirren"] Abweichung vom logischen Denken.

Abstrich: Entnahme von Gewebeteilen.

analog: entsprechen, sinngemäß.

Analytischer Verstand: Der wache und bewusste Verstand der Person, eigentlich die Person selbst, welche denkt und wahrnimmt. Der Analytische Verstand wertet aus und er kann nur die Gedächtnisaufzeichnung zum Auswerten benutzen, welche nicht durch Schmerz und Bewusstlosigkeit abgesperrt sind.

Anamnese: Vorgeschichte einer Krankheit.

Antagonismus: Feindseligkeit.

Apathie: Teilnahmslosigkeit; Gleichgültigkeit gegenüber seinen Mitmenschen und der Umgebung.

as-is: Etwas genauso anschauen wie es ist, ohne Lügen oder Verzerren, im selben Moment wird es verschwinden und aufhören zu existieren.

Auditing: [lat. *audire* = zuhören]; die Praktik des Auditierens – wie später beschrieben. Der Auditor auditiert den PC.

Auditor: Jemand der in der Dianetik ausgebildet ist und die Dianetik anwendet. Auditor heißt eigentlich Zuhörer, also jemand der zuhört.

Bharati, Baba Amar: B. ist ein Sadhu, ein heiliger Asket hinduistischen Glaubens. Seit 1973 hebt er seinen Arm in die Höhe und folgt damit einer uralten Tradition: die heilige Askese. Durch das Zerstören eines Körperteils erhofft er sich mit Gott zu verbinden und zur richtigen Erleuchtung zu gelangen. http://www.nashblog.net

Basik-Geschehnis: Erstes Geschehnis auf einer Kette von Geschehnissen. Es hält eine Kette von Geschehnissen im Reaktiven Verstand aufrecht.

Bouncer: siehe Denyer.

Clear: Jemand der seinen Reaktiven Verstand nicht mehr hat.

Corpus Delicti: [lat. *corpus* = Körper + *delictum* = Fehler] ist der Gegenstand des Verbrechens. Bezeichnet wird durch diesen Begriff insbesondere ein Beweisstück, durch das ein Täter der Straftat überführt werden kann, etwa die Tatwaffe.

CT: [grch. *tome* = Schnitt + *graphein* = schreiben], Computertomographie Abkürzung CT, ist ein fortgeschrittenes Röntgenverfahren mit hervorragenden Weichteilkontrast. Damit konnten erstmals Gewebearten mit sich nur gering voneinander unterscheidender Dichte für Röntgenstrahlung dargestellt werden.

denken: Im Verstand gespeicherte Aufzeichnungen zu neuen Bildern zusammensetzen.

Denyer, Bouncer: Bezeichnungen für engrammatische Gesprächsaufzeichnungen (Actionssatz). Ein Actionssatz kann das Bewegen auf der Zeitspur beeinflussen. Ein Denyer (deutsch „Verleugner") wäre eine Aussage wie: „Ich kann mich nicht erinnern.", was zur Folge hat, dass sich der PC nicht erinnern kann. Bouncer (deutsch „Rauswerfer") wäre eine Redewendung wie: „Geh herunter.", oder „Komm hoch.", dies verursacht, dass sich der PC auf der Zeitspur herunter oder nach oben bewegt.

Dianetik-Sitzung [Dianetik aus dem griech. *dia* = durch und *nous* = Seele]: Dort durchlebt die Person ihre Vergangenheit und löst die Energie auf, die ihr Verhalten bestimmt und Krankheiten verursacht. Es ist üblich, dass bei einem „Wieder-Erleben" der Vergangenheit die Person von starken Emotionen geschüttelt wird, weint oder sogar schreit, die Schmerzen der vergangenen Erfahrungen abgeschwächt empfindet. All dies flacht in einer Sitzung ab und die Person ist frei vom Fluch des Gestern, fähig für ein selbstbestimmtes Dasein. Es ist **keine** Hypnose!

Dimension: Jegliches Objekt das Abmessungen hat. Zum Beispiel ist der Blick auf die Front einer Wand in einem Raum zweidimensional, bestehend aus Höhe und Breite; der Bilderrahmen der an der Wand hängt erscheint dreidimensional, bestehend aus Höhe, Breite und Tiefe. Dimension bedeutet Abmessung.

Dissoziation: (eigentl. Trennung). Zusammengehörige Denk-, Handlungs- und Verhaltensabläufe zerfallen in einzelne unkontrollierte Teile und Einzelerscheinungen.

Dual: zwei.

Engramm: Eine Gedächtnisaufzeichnung von Schmerz und Bewußtlosigkeit. Grundlegender Baustein des Reaktiven Verstandes, auf dem Engramm bauen alle anderen Geschehnisse auf.

Entheta: enturbuliertes Theta. Die Erscheinungsform von Theta, die den Preclear enturbuliert, sprich durcheinander bringt. Entheta ist die Quelle der menschlichen Krankheiten und Geistesstörung. Entheta befindet sich im Reaktiven Verstand, also in Engrammen, Secondaries und Locks.

Entropie: [grch. *en* = innerhalb + *trope* = Wendung, Umkehr] Maß für den Grad von Unordnung eines abgeschlossenen Systems.

enturbuliert: Verwirbelt, durcheinander gebraucht, nicht in geordnetem Zustand.

Epilog: Nachwort.

erlaucht: durch seine Berühmtheit, sein Wissen, sein Können o. Ä. herausragend und andere überstrahlend.

Erörterung: [aus dem mittelhochdeutschen *örtern* = genau untersuchen] Eine Sache ausführlich und ins Einzelne gehend darlegen. Eine Sache erörtert man, in dem man feststellt, wie es zu einer bestimmten Situation gekommen ist. Weiterführend könnte man nun schreiben, was man hätte tun können, damit sich solch eine Situation nicht entwickelt hätte, bzw. wie man das Beste aus dieser Situation macht. Allerdings haben verschiedene Lehrer verschiedene Gewichtung bei einer solchen Ausarbeitung.

essenziell: wesentlich [lat. *esse* = sein, existieren].

Etwas: Materie, Emotionen, Gedanken.

evidenzbasiert: [engl. *evidence* = Nachweis, Beweis + *Basis* = Grundlage] Auf einem Nachweis beruhend.

Exploration: [lat. *exploratio* = Untersuchung, Entdeckung]

Faksimiles: geistige Eindrucksbilder wie z. B. Engramme, Locks, Secondaries.

Fall: Jeder hat seinen Fall, der eigene Reaktive Verstand, die eigenen Probleme und Unzulänglichkeiten.

Feld, morphogenetisches F.: es existiert ein Feld um den Organismus, welches diesem die Form gibt, wie etwa das Pantoffeltierchen, welches buchstäblich aus dem Nichts heraus Materie zu Leben organisiert. Messungen zufolge verliert der menschliche Körper plötzlich bis ca. 46 Gramm an Gewicht beim Eintritt des Todes und man hat festgestellt, dass sich ein großes morphogenetisches Feld vom Körper löst, nicht viele einzelne wie man vom Aufbau des Körpers durch Zellstrukturen annehmen könnte. Dieses große Feld organisiert die Materie (Zellverbände) zur Form des Körpers, es ist die Person selbst, nicht ihr Gehirn oder sonst etwas. Das Gehirn ist auch nur ein Zellverband der organisiert wird, es denkt nicht, es ist die Person die denkt!

fiktiv: frei erfunden.

Fokus: [lat. *focus* = Feuerstelle, Herd] Schwerpunkt, Mittelpunkt des Interesses.

Geburt: Jeder Mensch hat eine. Ich denke, es ist mittlerweile klar geworden, dass Informationen nicht in den Zellen gespeichert werden können. Die Zelle ist nur eine Erscheinungsform von Energie, wobei diese Energie eine Information braucht, um spezifisch wirken zu können.

Gedanke: Energiebild. Das Bild aus dem der Gedanke besteht ist die gleiche Energie wie etwa eines Lichtteilchens, der Grundbestandteil jeder Art Materie, ob organisch oder anorganisch, ist diese Art von Energie. Die Mol-Masse der Atome/chemischen Elemente erhält man durch das Komprimieren dieser Lichtteilchen.

geozentrisch: [Geo = Erde + Zentrum = Mittelpunkt]; Die Erde ist Mittelpunkt des Universums und alles dreht sich um die Erde, wie Mond, Sonne, usw. Wurde durch das heliozentrische Weltbild [*helio* = Sonne] von Copernicus im 15 Jhd. abgelöst. Die derzeitige Auffassung vom Aufbau des Universum bezeichnet man als Relativitätsprinzip, was besagt, dass nur die Bewegung von Körpern relativ zu anderen Körpern festgestellt werden kann, nicht jedoch die Bewegung der Körper relativ zu einem Bezugssystem. (pers. Anmerkung) ... als ob man kein „relatives" Bezugssystem darstellen und dort die relative Bewegung der Planeten und Galaxien zuordnen könnte. Jedenfalls dient ein Bezugssystem besser zur Orientierung und die Planeten in unserem Sonnensystem haben in den letzten paar Millionen Jahren wohl kaum ihre relative Position zueinander geändert ... Wissenschaft?

Gesichtspunkt: Der Punkt von dem man schaut. Die Person selbst. (B03)

Gravitation: [lat. *gravis* = schwer]; Schwerkraft; Körper ziehen sich gegenseitig an.

Güte: Beschaffenheit eines Materials; Qualität.

HCOB: Hubbard Communication Office Bulletin; technische Richtlinie die am bezeichneten Datum von L. Ron Hubbard herausgegeben wurde.

hehr: Erhaben, Ehrfurcht gebietend.

Histologie: Wissenschaft über das Gewebe des Menschen.

Impuls [lat. *impulsus* = anstoßen]: Wenn ein Gegenstand gegen einen anderen Gegenstand schlägt, zum Beispiel eine Reihe pendelartiger aufgehangener Kugeln. Hebt man eine am Ende befindliche Kugel an und lässt diese in schwingender Bewegung gegen die Kugelreihe fallen, stellt man fest, dass sich die am anderen Ende befindliche Kugel mit ähnlicher Schwingungskraft wegbewegt. Auf diese Weise entwickelt sich eine „wellenförmige" Bewegung. Je fester die erste Kugel auf die Kugelreihe stößt, umso höher wird die letzte Kugel schwingen. Je mehr Kraft umso höher die Amplitude (äußerster Schwingungspunkt eines Pendels). Ein Impuls ist eine abrupt wirkende Kraft, wie ein Stoß oder ein Schlag.

Indikator: eigentl. Anzeiger; Indikatoren zeigen das Stimmungsniveau an. Sehr gute Indikatoren bedeuten glücklich, schlechte Indikatoren unglücklich. Jede Person hat ihre eigene Weise Indikatoren zum Ausdruck zu bringen.

Intellekt: Fähigkeit unter Einsatz des Denkens, Erkenntnisse und Einsichten zu gewinnen.

irrational: unvernünftig; ratio = Vernunft.

Karma: Das durch früheres Handeln bedingte gegenwärtige Schicksal. Geistige Eindrucksbilder wie Ideen, Gedanken, Erfahrung sind Energie geladen. Es scheint tatsächlich so zu sein, dass diese Art Energie genau die Geschehnisse „hereinzieht" wie sie die geistigen Eindrucksbilder vorgeben, vergleichbar mit dem Gravitationsgesetz aus der Physik (Massen ziehen sich an). Somit ist der Mensch sein eigener Richter, weil er der Einzige ist, der wirklich weiß, was geschehen ist.

Katalysator: Mittel mit dem ein Stoff in einen anderen Stoff umgewandelt wird, bzw. die Umwandlung beschleunigt wird, ohne selbst verbraucht zu werden.

Ketzer: Jemand der anderes Gedankengut hegt als die derzeit als gültig anerkannte Meinung. Im Mittelalter wurde mit Ketzern der römisch-katholischen Kirche kurzer Prozess gemacht, sie wurden verbrannt.

Komplex: (Psychoanalyse) Eine Ansammlung von Impulsen, Ideen und Emotionen welche ein Verhaltensmuster erzwingen.

Konservatismus: In seiner Einstellung dazu neigend am Alten festzuhalten, Neuem gegenüber misstrauisch zu sein.

konventionell: herkömmlich; in einer allgemein bekannten und übereingestimmten Form.

konzentrisch: um einen gemeinsamen Mittelpunkt herum angeordnet.

Korollarium: Schlussfolgerung, die auf einer vorhergehenden Aussage beruht.

Kraft: Unbestimmte Quantität welche Materie bewegen/formen kann.

Legasthenie: Anfängliche Schwierigkeiten beim Erlernen von Lesen und Schreiben.

Leitungselektronen, freie L.: Theorie darüber, dass elektrische Energie in metallischen Leitern durch „freie Elektronen" transportiert werden soll. Elektronen sind Elementarteilchen vom atomaren Aufbau.

Lock: Eine Zeit in der der PC die Umgebung oder Teile der Umgebung wahrnimmt,

Nichts: (1) Ein unbestimmtes Kreations- und Bewegungspotential; (2) Die Person selbst, nicht der Körper oder der Verstand. Die des Bewusstseins bewusste Einheit. Sie ist nicht materiell und kann **nicht** sterben. Sie hat keinen Raum, keine Zeit, keine Wellenlänge und keine Energie, ist aber in der Lage Energie zu erschaffen.

Macht: hier im übertragenen Sinne, also das etwas was Macht über die Person hat, wie der Staat mit seinen Gesetzen, die Autoritäten mit ihren Theorien oder der Geistliche mit der höchsten Instanz: Gott.

Magnetfeldtherapie: Sie ist nicht vollständig neu. Zu Beginn des 18ten Jhdt. spielte schon Franz Anton Mesmer damit herum und heilte. Dies zum Verdruss der Medizin, welche ihm sehr zusetzte. Mesmer nannte es damals „animalischer Magnetismus".

Masse, geistige M.: Erfahrungen in der Vergangenheit, welche in Form von energiegeladenen Bildern aufgezeichnet wird.

Mechanik: Arbeitsweise mechanischer Apparate welche durch Zahnrädern, Ketten, Hebel usw. funktionieren.

Mens sano in corpore sana: ein gesunder Geist in einem gesunden Körper.

Mystik: [griech. *mysterion* = Geheimnis] Lehre über übernatürliche Kräfte und eine Verbindung zum Göttlichen zu erlangen.

die dem Inhalt eines Engrammes oder Secondaries ähnlich sind.

neural: auf das Neuron beziehend: Nervenzelle, Leiterbahnen der Nerven.

Pädophilie: sexuelle Neigung Erwachsener zu Kindern.

paranoid: [*para* = neben + *nous* = Verstand]; nicht zurechnungsfähig. Die Unfähigkeit überlebensfreundliche Umstände zu erkennen und richtig zuzuordnen. Der Verstand zeichnet alle Begebenheiten der Umgebung auf - als Spiegelbild des physikalischen Universums - sowie das eigene Befinden und Gedanken dazu. Die Schwierigkeit liegt in der Gewichtung und richtigen Zuordnung, richtig in dem Sinne um die Probleme im Dasein zu lösen. Ist der Verstand mit falschen Informationen gefüttert, agiert er zwangsläufig paranoid. Und zweifele keine Sekunde daran, dass der Mensch nicht paranoid ist. Jeder befindet sich auf seiner eigenen Stufe!

PC: Jemand der mit einem Auditor in Sitzung geht; PC = Preclear, also „vor" Clear, siehe Clear.

Phallussymbol: Phallus = eregierter Penis. Die Sache wird nicht mehr als Sache gesehen, sondern es wird gedeutet, welcher Komplex* damit kompensiert wird. Dass z. B. der Bau des höchsten Wolkenkratzer als Aufmerksamkeitsdefizit und geringem Selbstwertgefühl dargestellt wird.

Photon: kleinste Materieeinheit; Quant.

Physis: der Körper, körperliche Beschaffenheit des Menschen.

Pixel: aus den englischen Wörtern *pictures* (umgangssprachlich verkürzt „pix") und *element*. Einzelnes Bildelement als Grundbestandteil eines digitalen Bildes.

plausibel: einleuchtend; in seiner Form klar nachvollziehbar, verständlich.

Position, Veränderung: Hey, Tag und Nacht ist eine Veränderung der örtlichen Position des jeweiligen Planeten in Relation zur Sonne.

Postulat: [lat. *postulatum* = Forderung]; ein Gedanke, eine Idee wie etwas zu sein hat.

postulieren: [lat. *postulare* = fordern, verlangen]; etwas fordern; die Existenz von etwas als erforderlich erachten.

Prolog: Vorwort.

psychedelisch: Bewusstseins verändernd.

pychosomatisch: (psycho = Geist; soma = Körper) bedeutet, dass der Geist auf den Körper einwirkt und diesen krank macht, sprich organische Symptome zeigt. Krankheit aufgrund geistiger Störung.

Quant: kleinste Materieeinheit; Photon.

Quintessenz: [lat. *quinta essentia* „fünftes Seiendes", das Wesentliche, Hauptsächliche, Wichtigste] ;die Quintessenz war ursprünglich der lateinische Ausdruck für das fünfte Element, das Aristoteles annahm und Äther nannte. Aus ihm sollen die vier antiken Elemente, Feuer, Wasser, Erde und Luft entstanden sein. Die einzigartige Kraft dieses Elementes ist es, leblosen Gegenständen Leben einzuhauchen.

Reaktiver Verstand: jener Teil des Verstand der die Person unbewusst lenkt und auf den Körper einströmt, Krankheiten verursacht. Der Reaktive Verstand ist ein Knopfdruck-Mechanismus, er arbeitet auf einer Reiz-Reaktionsebene.

Repressalie: Maßnahme um auf jemanden Druck auszuüben.

Resilienz: [lat. *resilire, re* = zurück + *salire* = springen] Fähigkeit sich wieder in den ursprünglichen Zustand zurückzubewegen (bes. bei Metallen); bzw. Fähigkeit sich schnell zu erholen.

restimulieren: das Reaktivieren eines Geschehnisses im Reaktiven Verstand.

Rezeptoren: Zellen die in der Lage sind, je nach Reizung, bestimmte elektrische Signale auszusenden.

R-Faktor: Eine kurze Erklärung um was es geht. R für Realität.

Rorschach: Ein von Psychoanalytikern und Psychiatern angewendetes Testverfahren, um mit Tintenklecksen zu versuchen, die gesamte Persönlichkeit des Probanden zu erfassen. Nach dem Schweizer Psychiater Hermann Rorschach.

Rückführung oder Regressionstherapie: siehe **Dianetik-Sitzung**; in einer Rückführung wird die Person mit ihrer Vergangenheit konfrontiert, mit dem therapeutischen Ziel Ängste, Komplexe*, Depressionen usw. zu lösen. Es gibt verschiedene Ansätze von Rückführungen, welche sehr dilettantisch praktiziert werden, da die meisten nicht über ausreichend Grundlagen-Wissen der Elektronik verfügen. Der Verstand funktioniert nach den Gesetzen der Elektronik.

Scientology: Lehre über das Wissen, oder wissen wie man weiß.

Secondary: Eine Zeit schmerzlicher Emotion, sprich den Verlust von etwas, z. B. den Verlust einer geliebten Person.

Seinheit gewähren: Die Person so nehmen wie sie ist, nicht an ihr herumnörgeln.

Service-Faksimile: ein Faksimile welches dem PC einen Dienst leistet. Der PC kann Faksimiles benutzen, um sich aus Situationen herauszuhalten oder Vorteile zu verschaffen, wie z. B. in der Schulzeit als man Kopfschmerzen simulierte, um nicht in die Schule gehen zu müssen.

Servomechanismus: [lat. *servo* = dienen], eingerichtetes selbständiges System als unterstützende Einheit.

Sinn, die fünf Sinne: Sehen, Hören, Fühlen, Riechen, Schmecken; das Wort „Sinn" ist irreführend als Bezeichnung der sogenannten „Sinnesorgane". Das Wort findet seine Herkunft im Lateinischen „sinsus", was soviel wie fühlen oder wahrnehmen* bedeutet. Etwas fühlen oder wahrnehmen tut nur das Bewusstsein selbst, die Sinnesorgane sind lediglich Transformatoren mit denen das Bewusstsein in Kontakt mit der Umgebung steht. Bei genauerer Untersuchung stellen wir fest, dass die Sinnesorgane die Wellenlängen, Partikel und Kräfte der Umgebung in elektrische Wellenlängen umwandelt: das Licht durch die Netzhaut im Auge; der Schall durch das cortische Organ im Ohr; die Geruchspartikel der Umgebung durch die Rezeptoren* in der Nase; die Geschmackspartikel durch die Rezeptoren auf der Zunge; die Empfindungen der Haut durch Rezeptoren, Nerven usw. in der Haut. Einer Wahrnehmung oder Empfindung Sinn zu geben unterliegt nur dem Bewusstsein ansonsten sind die Reizungen der Haut, im Auge, in der Nase, im Mund und im Ohr einfach elektrische Wellenlängen. Das Bewusstsein ist der einzige Sinn, der wahrnimmt, unterscheidet und der ganzen Sache einen Sinn, eine Bedeutung gibt. In dieser Hinsicht gibt es keine weiteren „Sinne", sondern nur Auswertungen des Bewusstseins. Rudolf Steiner mit seinen 12 Sinnen oder die moderne Physiologie mit ihrem Temperatursinn oder Gleichgewichtssinn irren sich. Es sind keine eigenständigen Sinne mit einer bestimmten Position im Körper insbesondere im Gehirn oder sonst wo, sondern sie gehören zu dem riesigen Fähigkeitskatalog des Bewusstseins. Ich meine, ich kann ohne weiteres einen neuen Sinn erfinden: den Unsinn. Dieser entscheidet über richtig und falsch und alle Verästelungen, die damit einhergehen – und doch ist es nur eine Fähigkeit!

Sitzung: Zeitraum indem der Auditor den PC auditiert.

Somatik: unangenehme körperliche Wahrnehmung; Schmerzen.

Sonik: Geräusch-Rückruf.

Standard-Verfahrensweise: Mustergültige Vorgehensweise einer Dianetik-Sitzung. Die Standard-Verfahrensweise zu missachten bedeutet kein Fall-Gewinn für den PC.

Statik: (a) Berechnung der wirkenden Kräfte an einen feststehenden Körper. Zum Beispiel wird an einem Wohnhaus berechnet, wie dick und aus welchem Material die Stützbalken des Daches sein müssen, um die Dachkonstruktion zu halten. (b) Eigentlich „Lehre vom Gleichgewicht der an einem ruhenden Gegenstand angreifenden Kräfte." Man stellt fest, dass sich die molekulare Struktur innerhalb des Gegenstandes in Bewegung befindet, genauso wie der Gegenstand selbst die Bewegungen des Planeten mitmacht. So unterliegt der Gegenstand der Erosion und dem Einwirken von Temperatur, was besagt, dass sich bei zunehmender Temperatur die Partikel des Gegenstandes schneller bewegen, der Grund warum die Mikrowelle funktioniert – sie beschleunigt die Partikel. Stahl verliert seine Statik bei Hitze. Ein physikalischer Gegenstand ist kein Statik! Ein Statik ist etwas, was immer gleich bleibt.

Steiner, Rudolf: (1861–1925) Gründer der Anthroposophie [grch. anthropos = Mensch + sophia = Weisheit], einer Lehre nach der der Mensch höhere seelische Fähigkeiten entwickeln u. dadurch übersinnliche Erkenntnisse erlangen kann.

Symbiose: [lat. *sym* = mit + *bios* = leben]; das miteinander Existieren zum gegenseitigen Nutzen.

Termini: Fachvokabular.

Theta: Die Lebenskraft die den Körper mit Leben erfüllt.

Tonskala: Eine tabellarische Darstellung der Abwärtsspirale des Lebens, ausgehend von voller Lebenskraft und vollem Bewusstsein, über halbe Lebenskraft und Halbbewusstsein bis hinunter zum Tod. Dargestellt im Buch „Die Wissenschaft des Überlebens".

Treu und Glauben: (Rechtswissenschaft) Das Verhalten eines redlich und anständig handelnden Menschen.

Unterfangen: Unternehmen dessen Erfolg nicht gesichert ist, das im Hinblick auf sein Gelingen durchaus gewagt ist.

Verstand, im V. erfassen: Was du mit den Augen wahrnimmst, wird direkt in den Verstand weitergeleitet und dort als Wahrnehmungseinheit (geistiges Eindrucksbild = Faksimile) gespeichert. Somit zeichnet jeder seine Umgebung als Faksimile im Verstand auf. Es existieren also immer zwei Universen: das um dich herum und das in deinem Verstand. Dies ist für dich ganz einfach nachzuprüfen. Kürzlich einen Film gesehen? Nun, schließe deine Augen und lasse den Film oder einzelne Teile davon an deinem inneren Auge vorbeiziehen, somit siehst du den Film wieder, zumindest die Faksimiles davon in deinem Verstand. Dieses Kurzzeit-, Langzeitgedächtnis ist Unsinn, Faksimile ist Faksimile. Es hängt lediglich daran, dass der Verstand des Menschen durch ein paar Mechanismen vermasselt ist, was ihm den Zugriff auf einzelne Faksimiles verweigert – mehr dazu in „Dianetik – Die moderne Wissenschaft der geistigen Gesundheit."

Wechselwirkungsquanten: Quanten* die in einer Wechselwirkung mit anderen Quanten stehen.

Wheatstone-Brücke: Messgerät für elektrischen Widerstand.

wie: Frage-Fürwort (Interrogativ-Pronomen); fragt nach der Art und Weise.

wissenschaftlich: überprüfbar, nachweisbar; im Versuch wieder auftretend. Wissenschaft bedeutet eigentlich „eine Wissen hervorbringende Tätigkeit", tatsächlich ist es so, dass Dinge beobachtet und umschrieben werden. Unglücklicherweise bedient man sich zu oft einer undurchdringlichen Phraseologie (Wortwahl) und je komplizierter die Wortwahl umso wissenschaftlicher klingt es, nichtsdestotrotz ist es nur die Beobachtung von dem was ist – zumindest sollte es das sein!

wissenschaftlich, „rein w.": Im Versuch mit dem derzeitigen Kenntnisstand der Wissenschaft Dinge und Phänomene plausibel zu erklären. Wissenschaft ist solange Wissenschaft, wie den Wissenschaftlern nicht der Verstand oder die Messgeräte ausgehen. Na ja, man kann nur so viel erklären wie man Bescheid weiß, was einiges in dieser Welt noch immer ausschließt.

Worksheets: eigentl. „Arbeitsblätter"; der Auditor führt stichpunktartig Aufzeichnungen über den Verlauf der Sitzung während er auditiert, mit Sitzungsbeginn, Sitzungsende, Indikatoren des PC's, Somatiken, Art und kurzer Inhalt des Geschehnisses, Anzahl der Durchgänge des Geschehnisses und ob Geschehnis reduziert oder ausgelöscht. Der Fallüberwacher schätzt den Fall anhand den Worksheets ein.

Zelle: kleinste sich selbst erhaltene lebende Einheit. Es wurde festgestellt, dass Haare und Fingernägel auch nach dem „Hirntod" noch wachsen. Es gibt diese „Austrocknungstheorie", dass die Bartstoppeln nur wegen zurückgehender Haut wieder zum Vorschein kämen. Na, dann mach mal den Versuch und beobachte einen gut temperiert gehaltenen Körper auf Austrocknung während den ersten paar Stunden in der Leichenhalle – und vergiss nicht die Feuchtigkeitscreme, dein Messgerät für die Feuchtigkeit, die Pinzette und den Zollstock für die stündliche Längenmessung der gezogenen Bartstoppeln! Die Wissenschaft möchte mit der Sache genannt Leben nichts zu tun haben, das etwas, was die Zelle organisiert und belebt, diese nicht greifbare, unberechenbare Kraft. Der Organismus soll tot sein, was das Ende des Lebens bedeuten soll, was nun einfach mal nicht stimmt!

Zeit: Maßstab für das Messen von Bewegung im Raum (B03). Erde um die Sonne was ein Jahr wäre, unterteilt in 365 Tage; Erde um sich selbst, wäre einen Tag, wobei eine fiktive Zahl von 24 Stunden gewählt wurde, welche dann weiterhin in Minuten und Sekunden aufgeteilt wird. Andere Planeten haben eine andere Zeitordnung, da Umlaufbahn um die Sonne und Eigenrotation verschieden sind. Gäbe es keinerlei Bewegung oder Veränderung an oder um ein Objekt, könnte keine Zeit festgestellt werden – selbst eine Uhr hat immer etwas, was sich verändert.

Zeitspur: (Timetrack) Alle Erfahrungen aus der Vergangenheit des PC.

Quellenangaben

(Q01) Wikipedia in 2011

(Q02) Internet – Yamedo, Portal für alternative Medizin und Naturheilkunde

Benutzte Bücher

(B01) Schrifttum der Scientology.

(B02) Lutherbibel, revidierte Fassung von 1984, ISBN 3-438-01160-3

(B03) Technisches Wörterbuch der Dianetik & Scientology, L. Ron Hubbard, ISBN 0.88404-037-2

(B04) „Wasser & Salz", Dr. med. Barbara Hendel und Peter Ferreira, ISBN 3-00-008233-6.

(B05) Dianetik – Der Leitfaden für den menschlichen Verstand, ISBN 978-1-4031-46915

(B06) Bautechnik, Westermann Verlag, ISBN 3-14-205034-5

(B07) „Fit fürs Leben", von Harvey und Marilyn Diamond ISBN 3-442-13533-8

(B08) „Fit fürs Leben 2", von Harvey und Marilyn Diamond ISBN 3-442-13621-0

(B09) „Aloe, Kaiserin der Heilpflanzen", Michael Peuser, ISBN: 3000074732

Wörterbücher:

Duden, deutsches Universalwörterbuch ISBN 3-411-05504-9

Knaurs grosses Wörterbuch der deutschen Sprache ISBN 3-426-26258-4

Wahrig – Deutsches Wörterbuch ISBN 3-570-03648-0

Webster's New World Dictionary , Third College Edition, ISBN 0-13-947169-3

Über den Autor

Wolfgang Fries, am 16.01.1966 in St.Wendel/ Saarland geboren. Ich hatte eine reguläre Schulausbildung bis zur mittleren Reife. War Zeitsoldat bei der Bundeswehr, bis ich 1994 ins Handwerk kam.

Im Handwerk zu arbeiten war für mich eine Bereicherung im Leben. Ich konnte gut gesellschaftliche Kontakte knüpfen und war nach getaner Arbeit immer noch gerne gesehen. Es schlossen sich einige Freundschaften und ich fühlte eine soziale Verbundenheit mit meinen Mitmenschen.

Leider musste ich dieses schöne Handwerk aufgeben. Sowie es aussieht können schlechte Dinge auch ihr Gutes haben. Würde ich nicht im Rollstuhl sitzen, hätte ich dies hier wahrscheinlich nie geschrieben. Bei einem verhängnisvollen Unfall mit dem Motorrad brach ich mir die Wirbelsäule und bin seit dem irreparabel querschnittsgelähmt.

Doch es gibt etwas im Leben, was man kennen sollte: **Das Leben selbst.** Bei all der Arbeit die man tut, all dem Spaß den man hat, sollte man dies nie vergessen.

Die Grundlage für das eigene Dasein ist die Person selbst. Und die geistigen Fähigkeiten der Person sind bestimmt darüber wie gut sie im Leben zurechtkommt. Das Informationszeitalter bringt ständig neue Informationen, welche ausgewertet sein wollen. Somit ist der Verstand der Person eine ständige Baustelle. Der Verstand sollte in gutem Zustand sein und richtige Lösungen für gegenwärtige Probleme anbieten, er sollte die Informationen aus der Vergangenheit lediglich als vergleichende Information nutzen und sich nicht vollständig von der Vergangenheit bestimmen lassen.

Mit in diesem Buch dargestellten Verfahren kann man dem Menschen verhelfen ein gesundes, glückliches und erfolgreiches Leben zu führen, man muss es nur anwenden!

Weitere Bücher

Philosophie des Lebens - Das Buch der Grundlagen -

Was sind die Grundlagen des Daseins? Welche Geisteshaltung bedarf es in der heutigen Zeit um im Leben bestehen zu können, um Glück und Wohlergehen zu erfahren? Was ist wichtig zu wissen?

Der Mensch selbst, als denkendes Wesen ist der Ansicht, dass seine mächtigste Waffe der Verstand ist. Aufgrund seiner Fähigkeit zu denken hat er sich die Erde zum Untertan gemacht. Und tatsächlich, das Denken bestimmt das Handeln des Menschen, der Mensch ist nur so stabil wie sein Gedanke.

Der Gedanke selbst fußt auf Grundlagen die bestimmend dazu sind, wie man überlebt. So versucht der Mensch sich selbst, sein Denken und Handeln, die Welt um sich herum zu verstehen.

Verstehen: Was ist wichtiger als Verstehen selbst?

Grundlagen komprimiert verpackt, in kurzen Texten dargestellt. Mehr als 200 Essays führen den Leser zu mehr Verstehen im Leben und über das Leben selbst, sei es nun über den Menschen, das Denken, Glücklichsein, Beziehung, Lernen, Beruf, den Ursprung von Krankheiten, gesellschaftliches Dasein, Religion, Politik oder Freiheit.

Die Probleme des Menschen werden von der Ursache her geschildert und Lösungen angeboten. Es macht einen Unterschied dieses Wissen zu haben und sich dadurch selbst zu helfen.

Als Taschenbuch oder als Bibliotheken-Ausgabe im extra stabilen Hardcover-Format und Fadenbindung herausgegeben. „Philosophie des Lebens – Das Buch der Grundlagen" ist der Gesamt-Band welcher die Bücher „Meine Philosophie", „Lernen wie man lernt, lernen wie man versteht", „Eine glückliche Beziehung führen", „Rückführung – Einführung und Kurzanleitung" und ehemals „Im Leben bestehen – Die Bibel des 21sten Jahrhunderts" in einem Buch vereint.

Philosophie des Lebens - Das Buch der Grundlagen -; 656 Seiten, 2017.
ISBN: **978-3-7357-8561-9** - Hardcover,
ISBN: **978-3-7460-2923-8** - Taschenbuch

Meine Philosophie

Das Leben selbst will leben. Alles Wissen könnte man in eine Pyramide hineinpacken, wobei an der Spitze der Pyramide nur ein einziges Wort steht: Leben.

Das Wort „Leben" selbst ist nicht ausreichend aussagekräftig und gibt in seiner Definition nicht alle notwendigen Informationen, um der Vielfalt des Daseins Genüge zu tun.

Der Mensch ist reichhaltig an Wissen und doch stellen wir fest, dass jegliches Tun oder Denken letzten Endes auf „Leben" reduziert werden kann. Somit haben wir eine Abstufung von Wichtigkeit.

Leben wird wahrscheinlich nur vollständig verstanden werden können, wenn man alle Informationen zusammenträgt und diese gegeneinander auswertet und zuordnet – eine unmögliche Aufgabe, da es fortwährend neues Wissen und Erkenntnisse gibt, sich Sichtweisen ändern und die Informationen wieder erneut ausgewertet und zugeordnet werden müssen.

Aber vielleicht genügen schon ein paar zentrale Punkte, um Orientierung im Leben zu haben und jegliches Wissen um die zentralen Punkte kann erweitert oder ersetzt werden, ohne dass sich die Qualität des Verstehens über das Leben wesentlich ändert.

„Meine Philosophie" liefert ein paar zentrale Punkte, welche sich in der Wissenspyramide direkt unterhalb von „Leben" einordnen. Die kurzen Korollarien in „Meine Philosophie" sind als Grundlage für das Buch „Philosophie des Lebens" angedacht, in welchem das Leben umfangreicher thematisiert wird.

Meine Philosophie; 24 Seiten, 2017
ISBN: **978-3-7460-2794-4**

Menschenrechte und Pflichten - revidiert

Die Gewährleistung der Menschrechte in einer geordneten Umgebung ist das Fundament für ein friedliches Zusammensein und einer gedeihenden Zivilisation. In einer feindlichen Umgebung mit Kämpfen und Zerstörung gibt es kein friedliches Zusammensein und keine gedeihende Zivilisation, welche durch ihre Errungenschaften in Medizin, Technik und den Wissenschaften zur Wohlfahrt des Menschen beiträgt.

Aber was zeichnet die Menschenrechte nun aus, dass diese zu einem friedlichen Zusammenleben führen und zum Wohlergehen des Menschen beitragen?
Zuerst braucht der Mensch die grundlegende Einstellung und dann entsprechendes Wissen und einen Kodex um dies zu verwirklichen. Es ist also eine Sache an der jeder einzelne arbeiten muss.

Menschenrechte und Pflichten - revidiert; 32 Seiten, 2017
ISBN: **978-3-7460-1913-0**

Lernen wie man lernt, lernen wie man versteht

Verstehen ist eine des Lebens innewohnende Fähigkeit und besonders der Mensch als lebende Einheit versucht durch Verstehen mit seiner Umgebung zurechtzukommen – somit kann Verstehen zu einer umfangreichen Sache werden.

Der Hersteller von Autos muss nicht nur etwas über Motor, Karosserie und Fahrwerk wissen, sondern auch etwas über menschliche Anatomie und menschliche Vorlieben – schau, die Größe der Sitze, der Abstand zum Lenkrad, die Höhe der Windschutzscheibe befinden sich in einem bestimmten Bereich und das Auto soll schön sein, sonst wird es nicht gekauft.

Ebenso Verstehen und Lernen als Fachgebiet, es beinhaltet die Grundlagen des Verstandes, Wörterbücher, richtiges Beobachten, persönliche Einstellung, Wissen über die Gesunderhaltung des Körpers, um auch Leistungsfähig bei der geistigen Arbeit zu sein. In diesem Buch wird etwas umfassend gearbeitet, um nicht nur ein Konzept über Lernen und Verstehen zu bekommen, sondern auch eine entsprechende Einstellung.

In diesem Werk wird ein Denkraster vermittelt und dem Leser die Werkzeuge gegeben, die er zum Lernen und Verstehen braucht - unabdingbar für ein erfolgreiches Studium. Es nutzt nichts über Gehirnwindungen, Speicherkapazität von Hirnzellen und Synapsen zu wissen, dies ist bloßes Wissen und muss selbst erlernt werden. Vielmehr geht es darum eine Technologie an den Mann zu bringen, also Wissen welches angewendet werden kann.

Lernen wie man lernt, lernen wie man versteht; 180 Seiten, 2017

ISBN: **978-3-8482-6448-3**

Erfolg im Handwerk – Der Stukkateurmeister

Ein Handwerksmeister beschreibt seinen Werdegang, den Schlamassel des Ausbildungssystems und seinen Weg da durch. Das Buch enthält viele Tipps und Tricks, wie man in Ausbildung, Beruf und Gesundheit erfolgreich sein kann.

Dieses Buch zeigt die alten Werte und einen Weg zum Erfolg!

Die aufgeführten Texte sind keine Romane, es ist niedergeschriebene einfache Beobachtung ohne Interpretation oder Meinung. Das Buch zeigt das Fundament, auf das sich das Haus aufbaut. Wie und aus welchen Steinen das Haus gebaut wird ist eine andere Sache. Wenn das Haus auch zusammenbricht. Das Fundament hält!

Erfolg im Handwerk – Der Stukkateurmeister; 156 Seiten, 2017

ISBN: **978-3-8482-0675-9**

„Ein As auf der Nürburgring-Nordschleife" – Das Handbuch
„Wer die Gefahr kennt, kann ihr begegnen!"

Welcher Top Speed ist an den einzelnen Stellen möglich? Der Bilderband mit mehr als 140 Bildern und 26 Skizzen der einzelnen Streckenabschnitte und der maximalen Geschwindigkeit bei gutem Wetter und Bridgestone BT56/57 Bereifung, mit einer Yamaha FZR 1000. Zeit: 8:06 Minuten!!!

„Ein As auf der Nürburgring-Nordschleife" – Das Handbuch; 76 Seiten, 2017
ISBN: **978-3-8482-0999-6**

Eine glückliche Beziehung führen

Ich liebe dich! Was meint die Person, wenn sie sagt: „Ich liebe dich?" Sie sieht den anderen und hat diese Empfindung. Aber ist es nicht eine körperliche Angelegenheit oder eine seelische? Doch wie ist es mit der Person selbst? Ist es nicht so, dass die Person mit ihren Gedanken die größte Rolle spielt und entscheidet?

Was sind die Grundlagen für eine glückliche Beziehung? Nach welchen Regeln wird dieses Spiel gespielt? Es ist das Individuum welches mit einem anderen Individuum eine Verbindung eingehen möchte. Somit ist die Grundlage für eine Beziehung das Individuum.

Es nutzt nichts nur das Gefühl der Liebe für den anderen in sich zu tragen, es gibt Dinge die die Beziehung zueinander fördern und Dinge die einer Beziehung abträglich sind. Einige sprechen von Liebe und Verliebtsein, dass also beim Verliebtsein die Empfindung der Liebe am stärksten ist und dass dieses Gefühl im Laufe der Zeit nachlässt. Aber warum ist das so und was kann man dagegen tun?

Lernen Sie die Grundlagen über eine glückliche Partnerschaft kennen, damit Ihre Beziehung von Glück und Dauer gesegnet ist.

Eine glückliche Beziehung führen; 104 Seiten, 2017
ISBN: **978-3-7460-2970-2**